平凡社
684

大相撲の見かた

桑森真介
KUWAMORI MASASUKE

HEIBONSHA

大相撲の見かた●目次

2章 取組の攻防を見抜く

3章 現役力士の取り口と勝負の見どころ

4章 相撲史に残る「昭和・平成の名勝負」

［編集協力］児玉編集事務所　［本文イラスト］古谷 卓　［章扉イラスト］戦国未満
［写真提供］123〜125ページ／『名人栃錦 絶妙の技』（秀の山勝一・本文解説、ベースボール・マガジン社、1991年）、127〜153ページ／日本相撲協会

はじめに

私は相撲が大好きである。現在は、大学体育教員として相撲の研究を行っている。子どもの頃は、よく父や兄と相撲を取った。小学校卒業後、中学、高校、大学とずっと相撲部に所属し、私の学生時代はまさに相撲とともにあった。そんな私が相撲の攻防や駆け引きに、特に惹かれるようになった背景について述べてみたい。その上で、相撲離れが叫ばれる現状について述べ、そして、この本の目的と構成、見どころについて紹介する。

私は幼少の頃から近所の子どもたちに比べ体が大きく、父と兄が相撲経験者であったこともあり、気がついたら、いつの間にか相撲を始めていた。父からは押しの基本を、また兄からは上手出し投げを教わった。押しは一見簡単そうに見えるだろうが、私は学生相撲で活躍していた頃でも父の教えを自分のものにすることはできなかった。兄から教わった上手出し投げについては、中学生の頃に兄から教えられた方法をそのまま学生時代も使い、得意技としていた。中学・高校の頃はこのような環境で育ち、気がつけばいつの間にか相撲の魅力に取り憑《つ》かれていた。

学生時代は、自分と相撲のタイプが共通するアマチュア強豪選手やプロの上位力士の相撲を目を凝らして観察し、自分の相撲の取り方について探求したものである。私は、学生時代には相撲部の寮で4年間生活したが、大相撲の本場所中には、テレビで大相撲ダイジェストが始まると、相撲部員が皆、寮に1台しかないテレビの前に集まり、それぞれ好きな力士の応援をした。私は、よくテレビの前で力士の取り口を解説したり、取組を予想したりしたが、先輩たちにとってはどうも私の解説や予想が煩《うるさ》かったようで、よく「お前は本当に相撲が好きだな」とからかわれたものである。当時から、アマチュア選手やプロ力士の相撲の取り口を分析し、取組を予想するのが大好きだった。

昔は、子どもと父親が相撲を取って、父親が子どもの成長に目を細めたり、子どもは父親の強さを実感したりしたものである。また、学校の体育館やグラウンドで、休み時間に子ども同士で相撲を取って遊ぶこともよくあった。相撲の盛んな地域では、祭りのときに神社などで草相撲が行われたりもした。他のスポーツを行おうとしても用具がなくてできなかったが、その点、相撲は普段着のままでも、正式な土俵がなくても、楽しむことができた。私もよく、兄と自宅の畳の部屋で相撲を取ったが、まわしの代わりにベルトをつかむのでベルト通しがちぎれたり、障子紙を破るだけでなく桟《さん》まで折ってしまったりして、母親に叱られた。

最近は、他のスポーツの施設や用具が充実してきたせいか、公園やグラウンドなどで子どもが相撲を取って遊ぶ姿はあまり見られなくなってきたが、本格的にまわしを締めて行う試合は盛んに行われており、全国大会（わんぱく相撲全国大会）まで開催されている。しかし、思春期になると裸になってまわしを締めることに抵抗があるせいか、中学校や高等学校の相撲部は以前に比べると激減している。

このようななか、平成24年度より、中学校体育授業で柔道、剣道、相撲といった武道が必修化された。柔道の安全性に関しては社会的に話題となっているが、私は、この武道必修化が、中学校や高等学校での相撲の普及につながればと心より願っている。どこでも、特別な用具がなくても、安全に楽しむことができる相撲が、以前のように、いろいろな場所で見られるようになることを期待している。

一方、大相撲の人気はここのところ低迷しているようである。しかし、最近は、個性的な力士の活躍が見られるようになり、私は、相撲の取組そのものは面白くなってきたと思っている。平成25年3月場所現在、横綱・大関では、本格的な四つ相撲で大横綱の道を歩む白鵬《はくほう》、小兵だが果敢に白鵬に立ち向から横綱・日馬富士《はるまふじ》、日本人横綱への期待が寄せられる大関・稀勢《きせ》の里《さと》、がぶり寄りの大関・琴奨菊《ことしょうぎく》など、個性的な力士が多い。関脇以下でも、最近力をつけてきた栃煌山《とちおうざん》、ベテランで曲者の安美錦《あみにしき》、相撲巧者の妙義龍《みょうぎりゅう》、平成生まれの若手・高安《たかやす》、私が大きな期待を寄せる潜在能力抜群の隠岐《おき》の海《うみ》など、まだまだ個性的で魅力のある力士がたくさんいる。

日本人力士が低迷していることから、相撲がつまらなくなったと嘆く一部の相撲ファンもいるが、私はそうは思わない。要は、相撲の内容が素晴らしく、見ている者を魅了してくれれば、日本人であろうが外国人であろうが、大いに拍手を送りたい。例えば、モンゴル出身の元横綱・朝青龍《あさしょうりゅう》は、腰が前に入って頭が下がらない基本の構えを常に維持し、いくら思い切って前に出ても、はたかれて落ちることはめったになかった。これは、大横綱・双葉山《ふたばやま》や全盛期に急逝した横綱・玉の海に共通したものであり、極めて基本に忠実な構えといえる。また、現在のモンゴル出身の二人の横綱も、タイプはまったく違うが、基本に忠実な四つ相撲を取る白鵬、押しを基本に置いた相撲を取る日馬富士というように、古くから日本で築き上げられてきた基本を基にした相撲を取っている。もちろん、日本人である私も、日本人力士の活躍を期待してはいるが、外国から文化のまったく異なる日本に来て、日本で生まれて育った相撲の技を学び、精進してきた外国人力士の相撲そのものを、純粋に楽しみ、応援している。

相撲の取組のほとんどは、数秒からせいぜい数十秒で終わる。その短い間に、微妙な駆け引きや攻防があり、観ている者を魅了する。相撲をまったく知らない人でも、その魅力をある程度味わうことができる。相撲に関心がない日本人や、観たことがない外国人が、たまたま機会があり本場所を観戦すると、ほとんどの人は大喜びする。それは、大相撲がもつ非日常的な江戸文化の雰囲気や、普段見ることがない大男同士の対戦の迫力などによるのであろう。それらも、もちろん相撲の魅力のひとつであるが、漠然と見ているだけではわからない相撲の面白さはまだまだある。相撲の技や見どころについての知識をもっていると、通《つう》の見方ができるようになり、さらに相撲を楽しむことが可能になるのである。

これまで、大相撲の取組の楽しみ方について解説した本はなかった。相撲の指導法について書かれた本は何冊かあるが、それらは押し、寄りおよび投げ等の基本技の指導方法が中心であり、本書のような、大相撲をより楽しむことを目的として、詳しい相撲の技や大相撲の取組の攻防、駆け引きあるいは見どころなどについて記述した本はありそうでなかった。

本書では、1章と2章で相撲用語、珍しい決まり手、相撲の見どころなどを紹介し、3章で現役力士の得意技と勝負の見どころ、4章で過去の名勝負の解説を示した。また、最後には、科学的視点から見た相撲について補足した。3章と4章で、通の相撲の見方、楽しみ方が理解できると、相撲観戦がより面白くなると思うが、まだ相撲の知識が十分ではないという方は1章と2章も是非とも読んでいただきたい。

相撲では、とにかく前に出て相手に圧力をかけることが重要で、プロ、アマチュア問わず、指導者が前に出ること以外の投げなどの技術を理論的かつ詳細に指導するということはあまりない。立合いに強く当たり、ひたすら前に出る稽古を積み重ねる中で、他の技は自然と身についてくると考えられているのである。相撲の指導者が稽古中に、どこまで前に出る以外の技術や戦術について指導するかは難しいところである。本書は相撲の観戦の仕方について書かれたものであるが、現役のプロ力士、アマチュア選手あるいはその指導者の方々にも、参考になればと願う次第である。

1章

相撲用語を知る

がぶる、おっつける、かち上げる!? 非日常的な相撲用語

相撲の世界で使われる言葉には、古くからの言い回しや独特の表現など、いわば専門用語が多い。相撲になじみのない人が大相撲の実況中継を聞いていると、アナウンサーと解説者の間でごく当たり前のように交わされている会話がわからない、という場面が意外に多いのではないだろうか。例えばこんなやりとり。

「両者左四つに組んで上手を取れない状態ですが、ここから○○山はどう攻めたいところですか?」

「△△海は腰が重いので、○○山は得意の右からおっつけて前みつを取り、早く攻めていきたいですね」

こうした会話は相撲になじみのない人にはわけがわからず、相撲ファンでも何となく感覚的にわかる、という程度かもしれない。このように相撲の世界は、一般人にとっては非日常的な言葉が多く、この難解(?)さが障壁となって、今ひとつ相撲になじめない人がいるかもしれない。また、こうした相撲ならではの動き、体勢などをわかりやすく解説したものも少ないのが現状である。そこでここからは、実況中継でよく耳にする単語をその

使用例とともに紹介し、相撲観戦入門者にも専門用語をわかりやすく解説する。

あ

足が流れる

実況　**鋭い踏み込みで前へ出ましたが、やや足が流れてしまいました。**

体の動きに足がついてこない状態をいう。体よりも足の位置が後ろになり過ぎ、前に落ちやすい体勢で下から押し上げる動作ができなくなる。低い姿勢で相手を押そうという意識が過剰になると、気持ちだけが前にいき、こうした状態になりやすい。同じような意味で「足が遅れる」や「足が前へ出ていない」という表現もされるが、これらは稽古量の不足で体が思うように動かない場合に多い。

上体に対して足の位置が後ろにあり、前へ倒れやすい状態になる。
気持ちがはやる場合や、稽古不足によることも

いなす

実況 **前へ出ようとしたところを、うまくいなされましたね〜。**

体を開いて右または左に身をかわし、相手を側方に押すこと。前へ出て攻めて、相手が踏ん張って力んだところで素早く体を開いて身をかわし、体勢を崩した相手を横から押すというパターンがよく見られる。似たような動作になるが、体を開かないと「はたき」になる。「いなし」は「はたき」に比べ、相手を自分の体のほうに呼び込んでしまうリスクが少ないので、押し相撲で推奨されている。

1.
前へ出て攻める(右)ところを、相手(左)が踏ん張って留まろうとする

上手《うわて》・下手《したて》

実況　○○山、やっと上手が取れました。自分の形になりました。

上手とは、組み合ったときに、相手の腕の上にある腕のことをさす。それが右腕なら右

2.
相手が踏ん張った瞬間に、足を後ろへ引いて体を開く

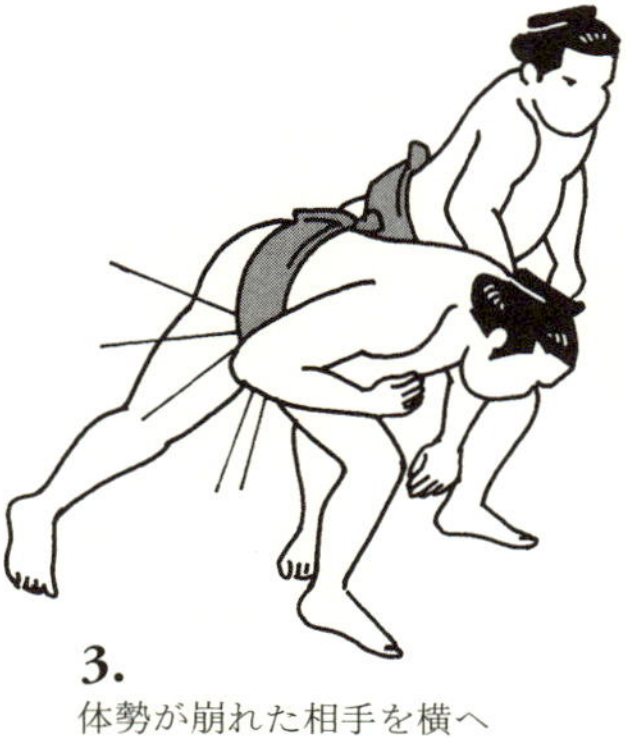

3.
体勢が崩れた相手を横へ押す

上手、左腕なら左上手となる。なお、この状態でまわしを取ると「上手を取る」、「上手まわしを取る」という言い方になる。

下手とは、組み合ったときに、相手の腕の下にある腕のことをさす。それが右腕なら右下手になり、左腕なら左下手となる。ここでまわしを取ると、「下手を取る」、「下手まわしを取る」という表現になる。

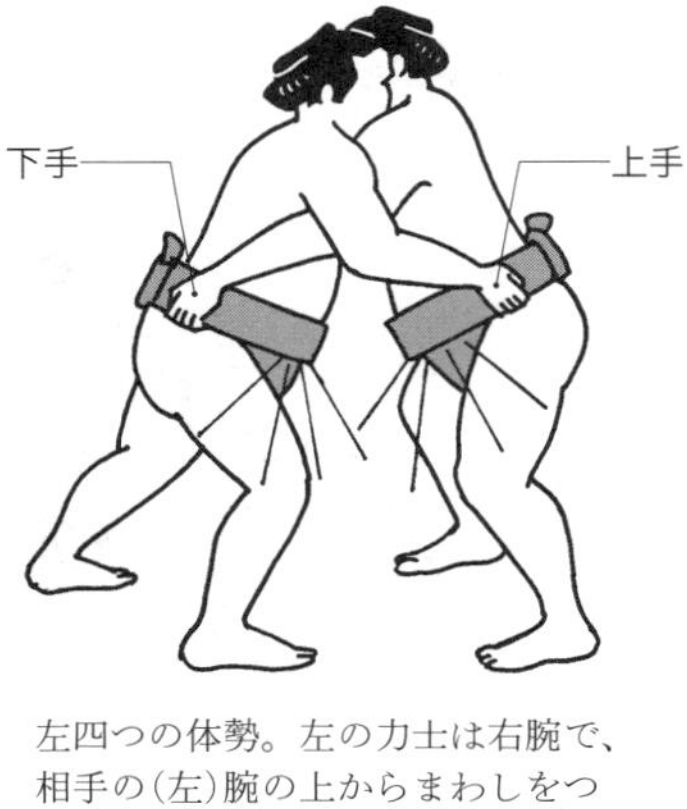

左四つの体勢。左の力士は右腕で、相手の(左)腕の上からまわしをつかんだ「右上手を取った」状態。一方、右の力士は、相手の(右)腕の下に左腕があるので「左下手」になっている

おっつけ

実況　○○山が得意の左差しを狙ってくるところを、△△海はうまく右からおっつけました。

差してくる（差すは29ページ参照）相手に対して、その肘《ひじ》のあたりに外側から手を当てがい、下から上へ押し上げる動作。相手の攻撃を防ぎながら、押しや寄りをより有効にする方法である。おっつけられると下手がうまく差せないばかりか、体が伸び上がって不利な体勢になりやすい。体の小さい押し相撲の力士が、相手に下手を差させないために多用する技術。四つに組んだ場合でも、下手を差しておっつけて前に出る、あるいはおっつけて上手を取るなど有効な技術である。

相手の肘あたりに手を当て押し上げる。
相手の差し手を殺し、さらに上体を伸び上がらせる効果もある

か

腕《かいな》を返す

実況 ○○山、腕を返して△△海に上手を取らせません。

「腕を返す」は「かいなをかえす」あるいは「うでをかえす」と読む。下手側の肘を曲げて斜め上へ張り出す動作。このとき、手首を相手の背中につけるとうまくできる。上手を取られていない場合は、腕を返すと、相手は上手まわしが遠くなる（取りづらい）。また、相手に上手を取られている場合でも、腕を返すことにより、相手の上体が伸び上がり、前へ出て寄るときに有効となる。

さらに、腕を返された相手がその腕を下へ抑えようとするときに、腕を外して、上手投げをかけると効果的である。

下手の腕を返して上手の効果をなくしたい。一方、相手は上手を有効にするために絞り込みたい、というせめぎ合いがあり、お互いに有利にさせまいとする。こうした、腕

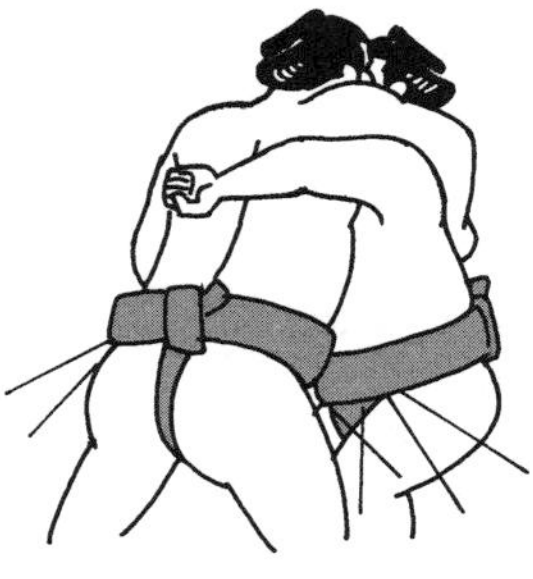

差したら腕を返す（右）のが鉄則。相手に上手を与えない、相手の上体を伸び上がらせるなどの効果がある

を返したい、返させないという攻防も見どころ！

腕《かいな》を極《き》める、腕を殺す

実況　今の小手投げは、腕が完全に極まっていました。

腕を極めるとは、相手の腕を挟み込んで肘関節の動きを封じること。他の格闘技でいう「関節技」ともいえる。上手を取らずに行う小手投げなどで腕（肘）が極まる場合が多い。また、浅く上手を取って腕を絞り込むことで、腕が極まる場

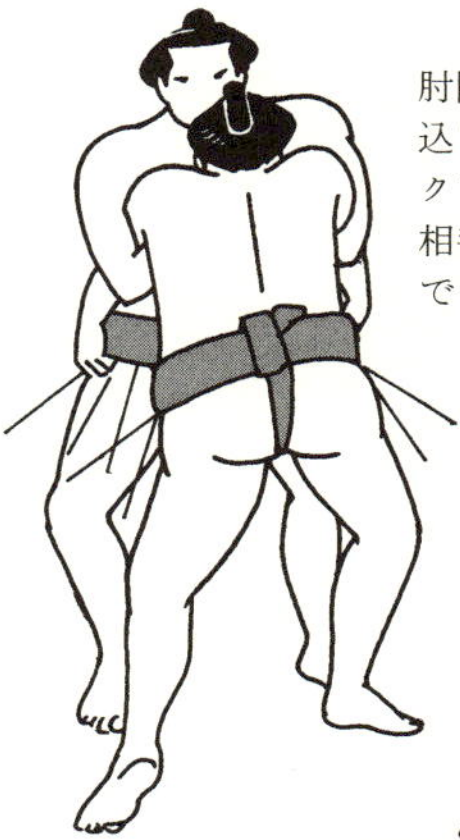

肘関節が挟み込まれてロックされる。相手は身動きできなくなる

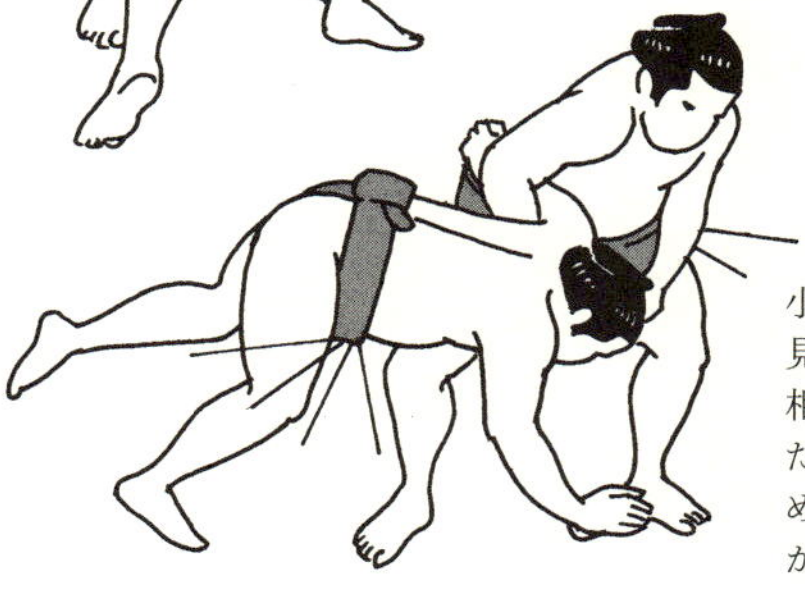

小手投げでよく見られるシーン。相手は極められた肘の痛みのため投げられるしかない

合があり、極まらないまでも相手の腕の動きを封じる（殺す）ことになる。技巧派の力士になると、浅く上手を取った状態から、下に抑えつけながらの上手出し投げでも肘が極まる場合がある。

かち上げ

実況　立合いにかち上げてから、突《つ》っ張《ぱ》っていきました。

頭を下げて前へ出てくる相手に対して、前腕や胸で相手のアゴのあたりを下から上へはじき上げる技。頭を下げて懐《ふところ》に入ってくるタイプに対して、かち上げた後に突っ張る、というようなパターンがよく見られる。大きな力士が小さな力士に対してやることが多い。

前へ出て体当たりをしながら、前腕や胸で相手のアゴのあたりをはじき上げる。
懐に入られるのを嫌うときに行う場合が多い

がぶる

実況　**がぶり寄りで一気に土俵際まで追い込みました。**

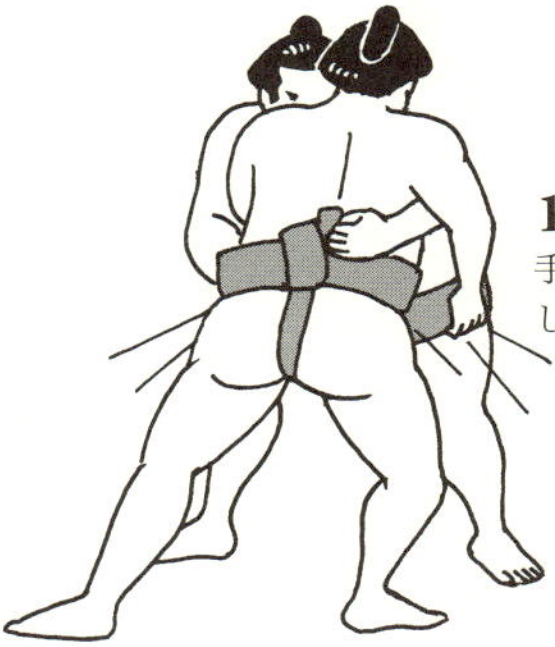

1.
手前の力士が両まわしを取りにいく

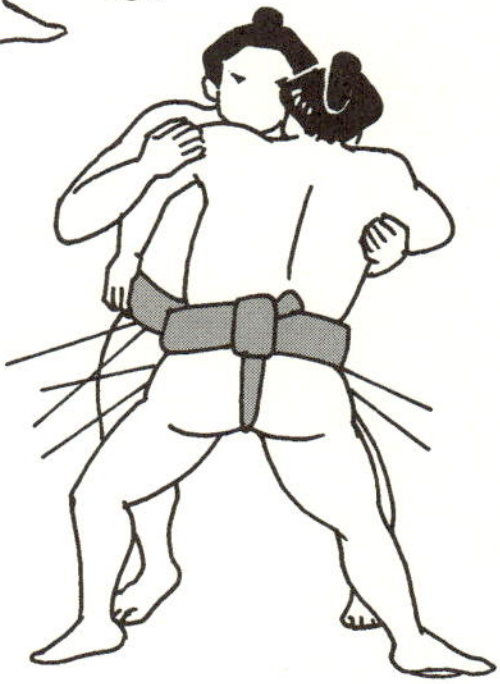

2.
まわしを引きつけ、相手を下から上にお腹で突き上げるようにしながら寄る

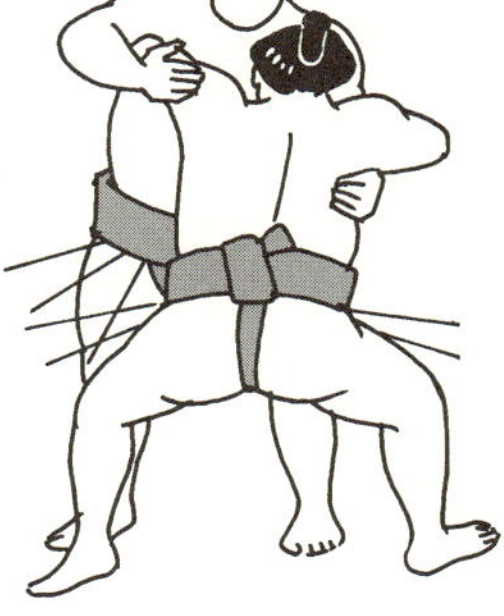

3.
しゃがみ込んで重心を低くする。この上下の動きを激しく繰り返しながら寄っていく

四つに組んで、相手を上下に揺することを「がぶる」という。また、がぶって相手を上下に揺さぶりながら寄ることを「がぶり寄り」という。相手の体が浮き上がり、自分の重心が下がってくるという効果がある。

腰が重い

実況　この人は腰が重いタイプですから、そう簡単にはいきませんよ。

押しても寄っても、なかなか後ろへ下がらない力士のことをさす表現。攻撃型ではなく守るタイプで、動きが比較的ゆったりしていて体重が重く、体が柔らかい力士をさすことが多い。単に体が大きいだけではなく、足腰の強さ、懐の深さ、粘り強さなど、さまざまな要素から、そういわれる。往年の横綱・大鵬などがその代表的な例。

このほか、腰に関する相撲ならではの表現は多い。「腰が砕ける」とは、バランスを崩して腰がグラつき倒れそうになること。「腰が浮く」という表現は、腰が伸びて重心が浮き上がることをいう。

腰を落とす

実況　十分に腰を落として寄り切りました。危なげのない相撲です。

膝を曲げて重心を低く下げること。腰を落として、すり足で移動することが相撲での基本的な姿勢・動作とされている。腰が高いと相手に下から入り込まれ、不利な体勢になる場合が多い。

相撲では当たり前のこの低い姿勢だが、本来は不自然な体勢ともいえる。例えば、とっさに素早く動かなければならないときは、膝を深く曲げてしゃがみ込んだ姿勢よりも、少し膝を曲げたくらいのやや立ち気味の姿勢のほうが動きやすい。ところが力士は膝を深く曲げた低い姿勢でも、素早

横
腰の位置が後ろ過ぎると、過度に前傾した悪い姿勢になり、前に落ちたり、投げられたりしやすい。このように腰が前へ出た状態にする

前
このように腰を落とした体勢を「中腰の構え」という。膝が直角になるくらいまで腰を落とし、爪先と膝を外側へ開く

く動いて大きな力が出せる術《すべ》を稽古で身につける。これには股関節、下半身の柔らかさと足腰の強さが必要であり、歴代の名横綱は、ほとんど股関節が柔らかく足腰が強い。

小手《こて》に振《ふ》る

実況 **小手に振ってから寄り切りました。**

小手投げを決める場合は相手を下へ投げる形になる。これに対して、横方向に相手を振るような小手投げは、相手を揺さぶって体勢を崩すために行う場合が多い。こうした小手投げの動きを「小手に振る」と表現する。この後、体勢の崩れた相手を寄るなどして攻めるパターンが多い。小手投げは、こうした相手を崩すのが目的で打つほか、相手に寄られて苦しまぎれに打つ場合もある。

片足を後ろへ引いて体を開き(左)、横へ相手を振るようにする。このように相手を揺さぶる目的の小手投げの動きを「小手に振る」という

さ

差《さ》す

実況　○○山が立合いから素早く右を差しました。

相手の腕の内側（下）に自分の腕を入れること。差した腕を「差し手」という。右（左）腕で行えば「右（左）を差す」、「右（左）の差し手」などと表現される。差し手でまわしを取る（つかむ）、取らないは、そのときの状況や力士のタイプによってもさまざま。差し手でまわしを取れば「下手を取る（76ページ参照）」ことになる。

差して腕を返す、あるいは下手を深く取ることにより、相手は肩が上がり上体が起きてくる。差しても、おっつけられたり、上手を浅く取られたりすると、腕を返す、下手を深く取るといったこともできなくなる。

差すことで（左）、下手まわしをつかむ、腕を返すなど、攻めのバリエーションが広がる。必ずまわしを取るとは限らない

さばく

実況　ここは横綱がうまくさばきましたね〜。

力で抑えつけるのではなく、技術によって勝つこと。相手の動きをよく見て応じ、あまり力を使わずに勝ちをおさめること。横綱が平幕の相手に対してなど、格下の相手にうまく対応しながら勝つようなケースに用いられる表現。

仕切《しき》り

実況　さあ、両者、仕切りに入りました。

両者が土俵中央で向かい合い、蹲踞《そんきょ》の姿勢から立って足を開き、腰を下ろして両こぶしを土俵につく。こうした立合い（34ページ参照）までの所定の動作（所作）が「仕切り」。

仕切りでは多くの力士は雑念を払い、目の前の一番に集中しようと考えている。しかし、負けが込んでいる場合や勝ち越しがかかる一番などは、過去の対戦が頭に浮かんで気に迷いが生じることもあるだろう。そうした相手の心理を表情や挙動からうかがう場面でもある。よく耳にする「制限時間いっぱいです」というアナウンサーの言葉は、仕切りの時間がいっぱいになったこと。

ちなみに仕切りの制限時間はテレビでの相撲放送が始まってから設けられたもので、それまでは両者の気合いが最高潮になるまで待ってから立合いとなった。

十分《じゅうぶん》

実況　右の上手を取りました。○○山、十分の体勢です。

最も自分の力を発揮できる体勢、形のこと。例えば右四つが得意の力士なら、右を差し

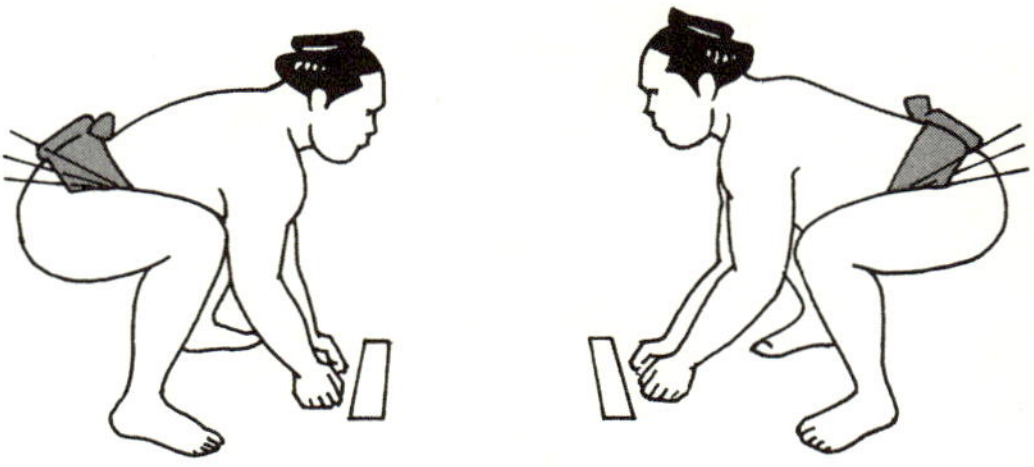

仕切りは立合い前の緊張の一瞬。十分に腰を下ろし、お互いに呼吸を合わせて立ち合う。なお制限時間は幕内は４分、幕下以下は２分以内である

て、左上手を取って組み合った状態が「十分な体勢」となる。組み相撲のタイプには使われるが、突きや押しが得意の前に出るタイプの力士にはあまり使わない表現である。

相《す》撲《もう》力《ぢから》が強い

実況　この力士は、腕力はそれほど強くないですが、相撲力は強いですね。

「相撲力が強い」とは、足腰の力をうまく腕に伝える技術をもっていることをさす。たとえ腕力は弱くても、腰や腹をうまく使い攻めるタイプの力士は、相手の力士にとっては力が強く感じられる。というのも、もともと腕よりも足や腰のほうが大きな力を出せるので、足腰の力をいかにうまく腕を経由して相手に伝えられるかが大切になるのだ。

背中を丸めた姿勢で、脇を締めて肘を腰の前に当て、腰から前に出るようにすると、矢印のように足腰の力が肘→前腕→手と伝わり、相手を強い力で押すことができる

なお、押すときに力士が背中を少し丸めた姿を目にするが、これも背中を丸くして脇を締め、肘を自分の前腰に当てることで、足腰の力を効率よく腕に伝えて相手を押そうとするためだ。名横綱の双葉山や玉の海は、非力であったと言われることがあるが、おそらく足腰の力を相手に伝える、目に見えにくい技術を持っていたのではないだろうか。この二人の横綱は、四つに組んでからの相撲力が強い典型といえるだろう。

攻める

実況　差し手をおっつけて、徹底して左から攻めています。

相撲の世界では、「攻める」とは「前へ出る」と同じ意味といっても過言ではない。右（左）から攻めるという場合、差して攻める、おっつけて攻める、上手を取って攻めるなど、さまざまな状況があるが、どれも前へ出て攻める動きや手段になる。

力士によって攻める側が決まっているタイプ、状況や相手によって使い分けるタイプがある。

た

たぐる

実況 **差しにきたところを、たぐって横につきました。**

差そうとして伸ばしてきた相手の腕をつかんで引き寄せ、自分の体の外側へもっていくこと。こうして相手の体勢を崩し、攻め込んでいくきっかけにする。

立《たち》合《あ》い

実況 **両者、立合いから激しい突っ張り合いです。**

仕切り（30ページ参照）の状態から、両力士の気が合ったところで勝負が始まる。この仕切りから相手にぶつかるまでを「立合い」とよんでいる。前へ出るタイミングが遅れることを「立ち遅れる」というが、こうしたミスが致命傷となるほど、立合いは勝負を決める大事な場面となる。立合いに相手が勢いをつけて当たってきた時の衝撃力は相当なものであり（154ページ参照）、少しでも立ち遅れ、相手に一気に前に出られると、なかなか残せるものではない。

仕切りでの腰の下ろし方、手をつくタイミングなどには、各力士ならではの癖や間合いがあるが、力士同士は阿吽《あうん》の呼吸で立合いを合わせようとしている。とくに大相撲では、立合いに合わせなければならない、という意識が力士たちにある。しかし、アマチュア相撲では相手との呼吸をはずすなど、立合いがより作戦的になる場合が多く、プロ力士の中でも大学相撲出身の力士にはその傾向が強いように思われる。

立合いで、両者の頭と頭がぶつかる場面がある。「ゴン」と鈍い音がして、観客の多くは脳震とうを起こさないかと心配する。しかし、これは私の経験からもいえるが、慣れてきて、額上部の髪の毛の生え際あたりで当たることができるようになると、意外に痛くないものだ。

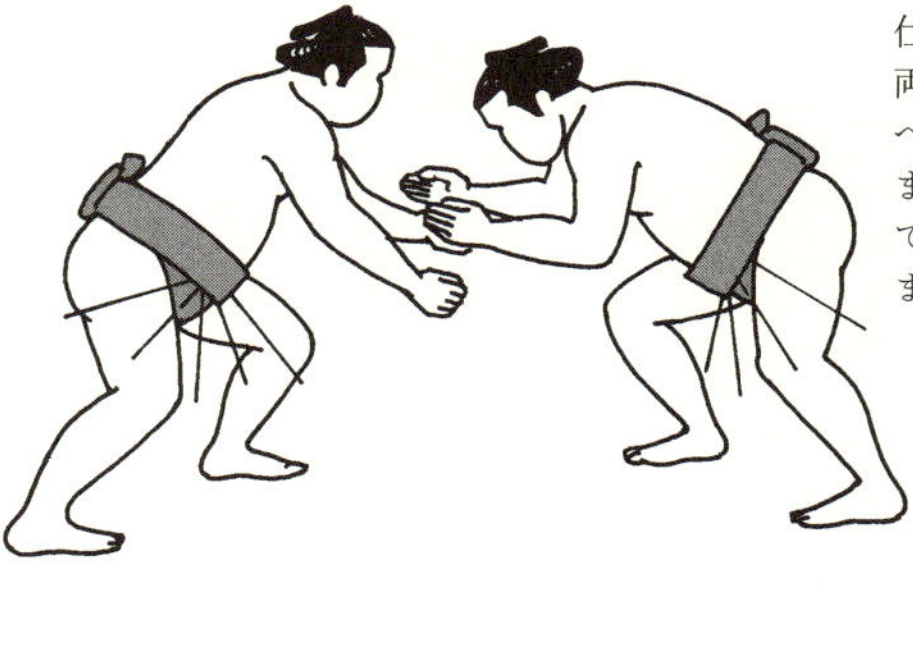

仕切りから、互いに両こぶしをついて前へ出て相手に当たるまでが立合い。ここで勝負の9割方が決まる大事な場面

突き

実況 立合いは突っ張っていきました。

手で相手の肩口や胸を下から上へ突くこと。両手で突く「両手突き」のほか、左右の手で交互に相手の胸、肩、アゴや顔をはたくように突く「突《つ》っ張《ぱ》り」がある。なお、突っ張っているうちに相手の上体が起きれば、そのまま前に出て突き出し、逆に相手が押し返そうとして頭が下がったら、はたき込みなどで前へ落とすような攻め口が多い。

突きは相手との距離が離れているので、相手が見えやすい攻めでもある。ただし、かわされたり、手をたぐられたりする（取られる）などの弱点もある。非常に攻撃的に見える技術だが、大きな力士が懐に飛び込まれないために行うなど、じつは防御の意味合いも強い。かつての横綱・曙が突きを得意としていた。

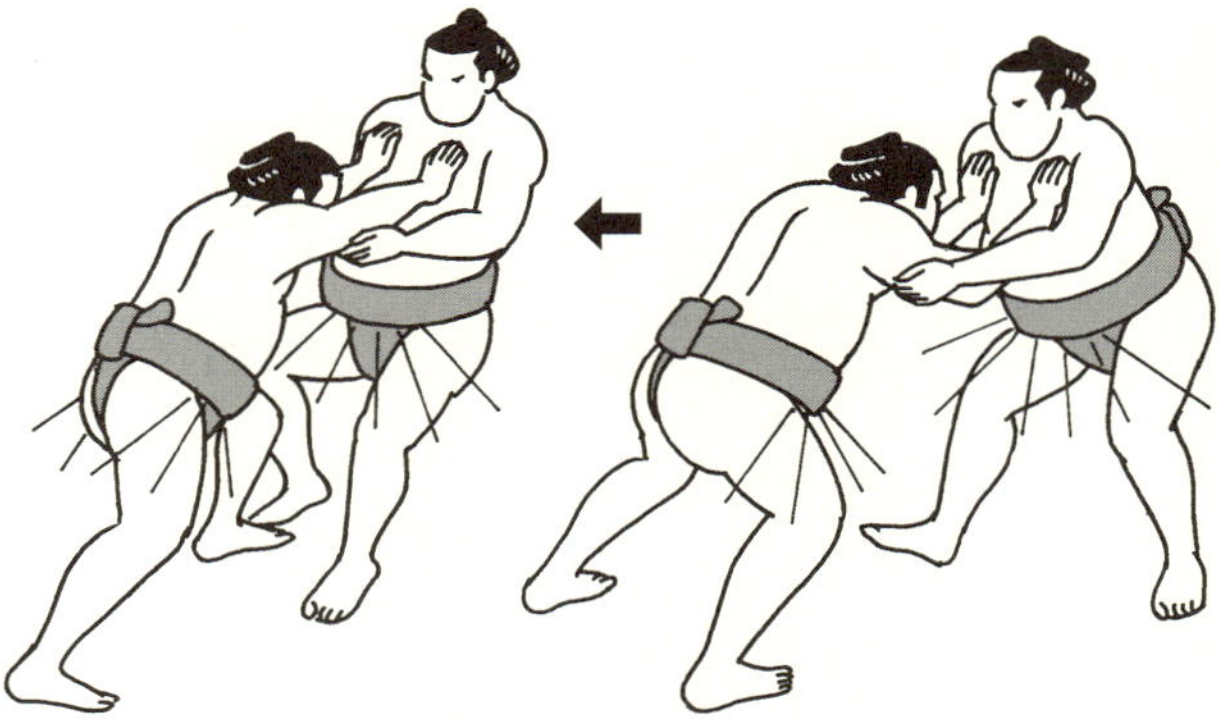

両手突き　両手の平が相手に当たったら、素早く両腕を伸ばして、相手を下から上に突き上げる

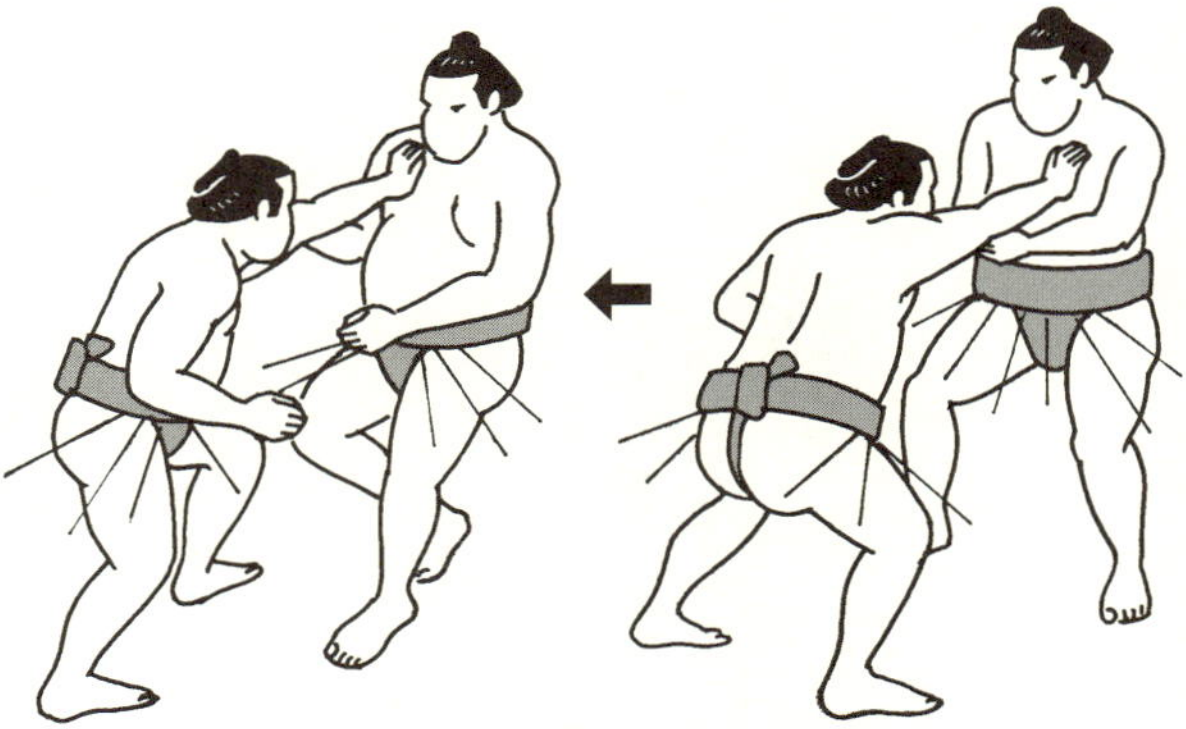

突っ張り　片手で相手の体を突き、すぐに引きながら反対側の手で相手の体を突く。この動きを繰り返して、両腕を回すようにして、相手を下から上に突き上げる

取《と》り口《くち》

実況　**押し相撲と四つ相撲、取り口の違う同士の取組になります。**

力士ごとの相撲のタイプ、スタイルのことを「取り口」という。このタイプは「前に出る相撲」、「四つ相撲」、「懐に入る（食い下がり）相撲」の三つに分けられる（98ページ参照）。さらにその中で取り口が分かれ、「前に出る相撲」には差して前へ出るタイプと、押して前へ出るタイプがある。また、「食い下がり相撲」にも、前みつ（44ページ参照）を取るタイプと差して懐に入るタイプがある。「四つ相撲」では右四つ、左四つ、もろ差しなどを得意とするタイプに分かれる。

相手に頭をつけて、前みつを取った形（左）。食い下がり相撲のタイプ

な

のぞく

実況 **左がのぞきましたが、完全には差せませんでした。**

差し手を深く差し込めず、少しだけ差した状態。相手が差し手を嫌って脇を締めている場合などになりやすい。相手の脇の下にようやく手が差し込めたような状態である。一般的に不利な体勢だが、ここから肩透《す》かしなどで攻めるタイプの力士もいる。また、少しだけしか差せていない状況から、より深く差して腕を返すために、強引に差し手をねじ込みながら腕を返す力士もいる。元横綱の怪力・武蔵丸は、右を浅く差して強引に腕を返し、結果として「すくい投げ」で勝つことがしばしばあった。

右の力士は左腕が完全に差し切れていない、のぞいた状態。脇の下にわずかに手が入っている状況

のど輪

実況 張り手からのど輪で攻められ、アゴが上がってしまいました。

相手ののどやアゴを手で押すこと。相手のアゴを上げて攻めることで、相手の体が伸び上がり不利な体勢にできる。かつての横綱・琴桜は、おっつけとのど輪を同時に行う攻め方を得意とした。

相撲をよく知らない一般の人には、のど輪をされている方は、のどをつかまれ苦しんでいるように見えるかもしれない。しかし、のどをつかむ行為は禁じ手であり、また相手ののどをつかもうとしてもできるものではない。あくまで、相手を押すための技のひとつなのである。

突っ張りにいった手が止まり、そのままのど輪になるような場合もある

は

はず

実況　右からおっつけて、左をはずにして攻めていきました。

親指と残り4本の指との間を開き、矢筈《やはず》（矢の弦《つる》にかける部分）のような形にした状態。相手の脇の下や胸に手を当てたときに「はずに掛かる」といい、両手が掛かった場合は「もろはず」と表現する。また、はずにした手で相手の脇の下や胸の下あたりを押すことを「はず押し」という。

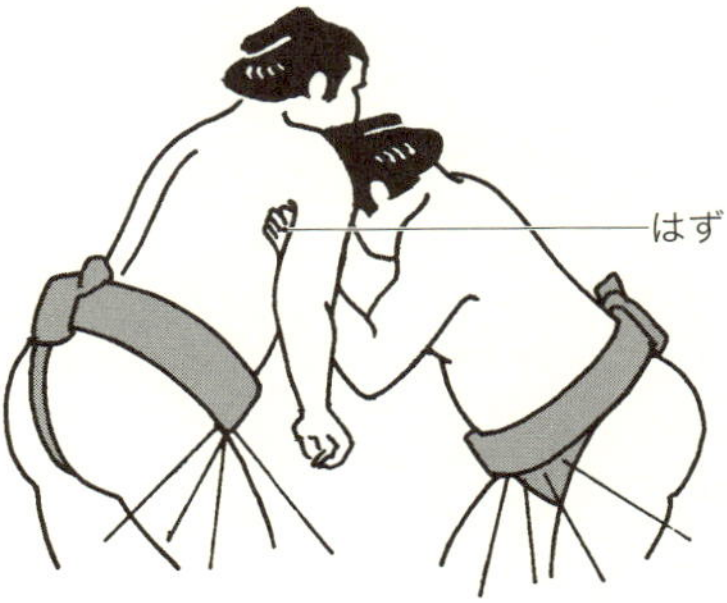

アルファベットの「Y」の字にも似た形。押しに使う基本的な手の形

張《は》り差《さ》し

実況　立合い、張り差しから右四つに組み止めました。

立合いに張り手をしてから差すこと。頭から当たってくる相手を差しにいこうとすると、頭が邪魔になってやりにくい。そこで、差そうとする反対側の手で相手の頬を張り、顔を横に向かせてから差すようにする。
また、張られた衝撃で相手の力が抜けるようになり、差しやすくなる場合もある。張って差すという一連の動作を「張り差し」という。

懐が深い

実況 ○○山が懐の深いところを見せました。

相手に自分の胸元（懐）に入られても、十分に相撲が取れる力士に対して使われる表現。長身で手足が長く、体が柔軟で足腰が強い力士に使われることが多い。小柄な力士にはあまり使われない。手が長いということは相手との間隔もとれ、相手のまわしに手も届きやすい。こうした利点をうまく生かせば「懐の深い」力士といわれるだろう。往年の大関・貴ノ浪は、懐が深い力士の典型といえる。

ま

前さばき

実況　立合いからの前さばきで、右を差しました。

四つ（48ページ参照）に組むときに、いかに自分に有利な体勢にもっていくかの攻防のことをいい、「差す」、「巻き返す」などの動きで相手と主導権争いをすること。

ただし、両者が押し相撲の場合や、押し相撲と四つ相撲の場合は「前さばき」はほとんどない。見られるのは、お互いに四つ相撲で、とくにけんか四つの場合は、前さばきの激しい応酬が見られる可能性が高い。また、一方がもろ差し（47ページ参照）を得意とする場合にも、前さばきがしばしば見られる。かつての大横綱・北《きた》の湖《うみ》は、大型の力士でありながら巻き返しが素早く、前さばきがうまいといわれた力士のひとりである。大横綱・大鵬も、上体の動きが柔らかく、前さばきがうまかった。大鵬は、元来左四つであったが、左差しにこだわり過ぎることなく、相手の出方次第で右四つにもなることもしばしばあり、いずれにしてもいつの間にか自分十分の四つ身になっていた。前さばきがうまいというのは、大横綱と呼ばれるまでの実績をあげるためには、必要なことなのかもしれない。

前みつ

実況　前みつを取って頭をつけました。

まわしの前部分の呼称で、前まわしともいわれる。同じようによく耳にする横みつは、まわしの横の部位をさす。上手は浅く取ることが定石（74ページ参照）とされるが、この前みつあたりを取れれば理想的。相手の下手を殺して攻めることができる。

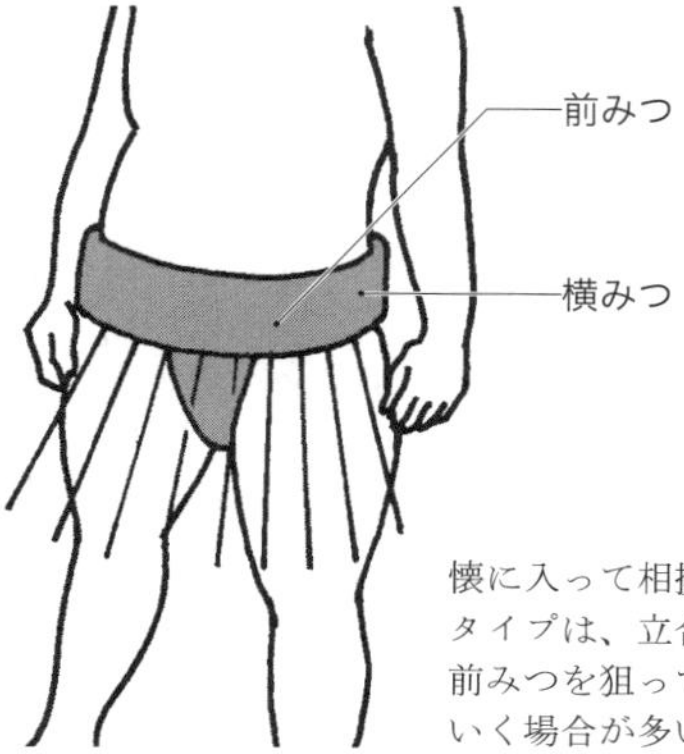

懐に入って相撲を取るタイプは、立合いから前みつを狙って取りにいく場合が多い

巻《ま》き返《かえ》し

実況　巻き返してもろ差しになり、一気に前へ出たのが勝因じゃないでしょうか。

胸を合わせて組んだ体勢から、瞬時に上体をやや反らしてスペースをつくり、そこから素早く腕を相手の脇の下へ差し入れる動作。相手の下手を嫌うときや、上手を下手に差し替えるときなどに使われる。不利な体勢から有利な形に持ち込める前さばきのひとつである。ただし、タイミングよく、素早く行わないと、上体を起こしたところで相手に攻め込まれるリスクもある。巻き返しの瞬間は、勝負に何か動きが起こる場面でもある。

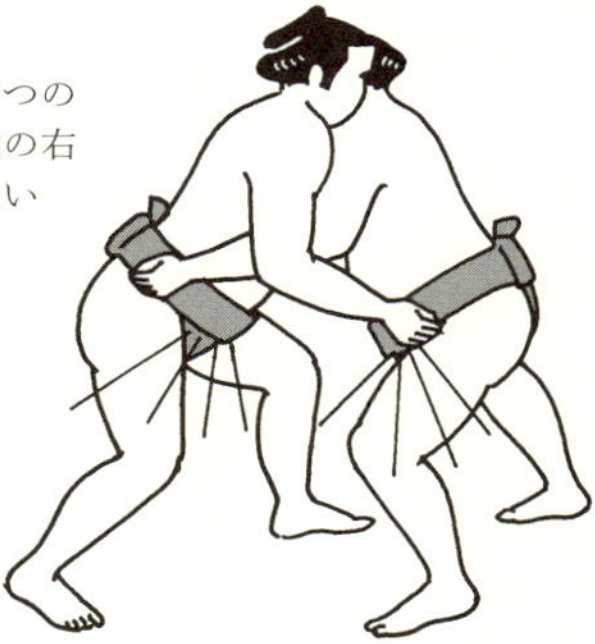

1.
左の力士は左四つの状態から、得意の右を差して攻めたい

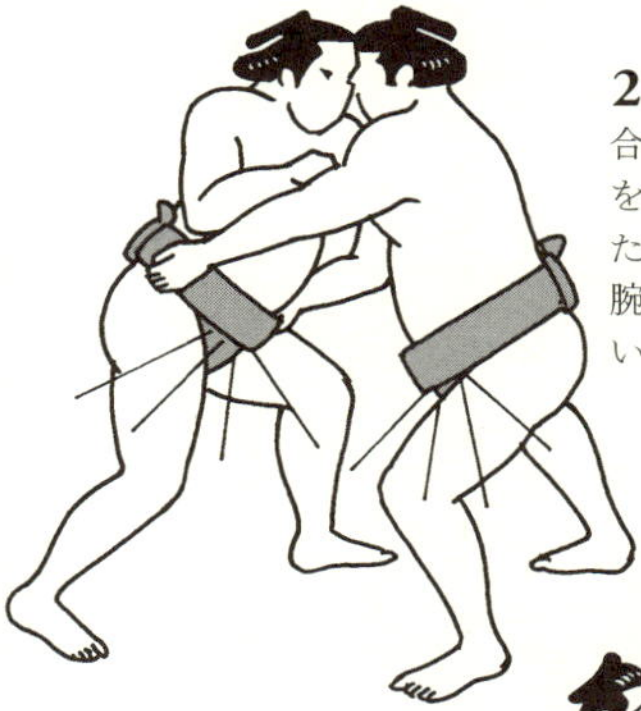

2.
合わせていた胸を離して、できた隙間に素早く腕を差し入れていく

3.
相手の脇の下へ腕を深く差し入れ、巻き返しがうまくいった状態

コラム **決まり手にない「決め手」がある⁉**

公認された82の決まり手には含まれないが、勝敗の決め手になる技がある。めったに見られない技や、古くはよく見られたが現在はあまり見られなくなった技などだ。

後ろ引き落とし：相手の後ろにつき、相手が後方へ押してきたら、そのまま後ろ向きで引き落とす。

泉川《いずみがわ》：差し手を両手で抱えるように極めること。そのまま寄り切ると「ため出し」とも呼ばれた。両腕で極めて（かんぬき）寄り切ると現在では「極め出し」といわれる。

かっぱじき：いなすときに、片方の前腕（手首から肘の間）で強く相手の肩や背中をはじくことを「かっぱじく」という。この「かっぱじき」で勝負が決まった場合、決まり手は「はたき込み」となる。

物《もの》言《い》い

実況 **軍配は△△海に上がりましたが、物言いがつきました。**

力士の動作や体勢ではないが、実況放送でよく耳にする言葉。行司の下した軍配（判定）に対し、審判委員または控えの力士が異議を唱えること。審判委員が土俵上に集まって協議する姿は、目にした人もいるだろう。行司軍配のままで解決する場合もあれば、軍配が覆《くつがえ》る「行司差し違え」、再度勝負を行う「取り直し」などの判定が下されることもある。

もろ差《ざ》し

実況　もろ差しの体勢から、吊った、吊った、吊り出し～。

両腕が下手になった状態。通常は有利な体勢といわれているが、小柄な力士の場合は大きな相手に外から抱え込まれて動きが封じられるリスクもある。かつての関脇・逆鉾《さかほこ》はもろ差しから攻めるのを得意とした。もろ差しとは逆に、両腕が上手になった状態は「外四《そとよ》つ」という。

手前の力士が両腕で下手（まわし）を取った形。通常は有利な体勢といわれている

や

四《よ》つ(に組む)

実況　右四つに組みましたが、互いに左の上手はまだ取れません。

相撲の世界では頻繁に使われる言葉。両者が右または左を差して、五分五分で組み合う体勢を四つ（身）、または四つに組むという。互いに右腕が下手になり、左腕が上手になった状態が「右四つ」。互いの左腕が下手で右腕が上手になっていれば「左四つ」となる。力士によって右四つ、左四つと得意があるので、どうやって自分の形にもっていくか、相手がそれをどう防ぐかに

がっぷり四つ
両者が上手、下手を取って胸が合った状況。お互いに動きがないように見られるが、じつはさまざまな駆け引き、引きつけ合いなどの攻防が行われている（86ページ参照）

右四つ
互いに右腕を下手にして相手と組んだ状態。両者の左腕が下手なら左四つになる。また、両者が同じ側の下手を差すのを得意としている場合を相四つという

注目するのも、勝負の見かたのひとつ。

また、「この両者は相四《あいよ》つです」などと使われる「相四つ」は、互いの得意の差し手が右と右など同じ場合をさす。得意の差し手が違う場合を「けんか四つ」と呼び、この場合は差し手争いが生まれる可能性が高い。

このほか実況でよく耳にする「がっぷり四つ」は、両者が下手、上手ともに取って胸を合わせた状態をいう。どちらが優勢とはいえない緊迫した状況で、次にどのような展開があるのか注目の場面となる。こうして四つに組んで相撲を取ることを得意とする力士は、「四つ相撲」の取り口（98ページ参照）といわれる。

呼び込む

実況　引いたところ、呼び込んでしまう結果になりましたね〜。

強引な投げや引いたことが原因で、相手に懐へ入られて攻められること。引き落とし、はたき込みなど、自分の体のほうに相手を引いて倒そうとする技や、強引な上手投げや小手投げなど、自分の懐に相手を呼び込む可能性がある技を行った場合に多い。

寄り

実況　寄る、寄る、寄った〜、寄り切りました。

四つに組んで前に出る技。低い姿勢を維持してすり足で前に出るのが基本。「押し」、「突き」と並んで相撲の基本の技のひとつ。寄りで前に出て相手を土俵の外に出せば「寄り切り」、土俵際で相手が後ろに倒れれば「寄り倒し」といった決まり手になる。前出のがぶり寄り（25ページ参照）も、寄りのひとつの形。

歴代横綱の多くは、四つに組んで前に出る、すなわち「寄り」を基本とした相撲を取っていた。大横綱の大鵬、北の湖、千代の富士もそうである。大鵬は相手を組み止めてからの慎重な寄り、北の湖は立合いに左肩から当たりパワーを活かした寄り、千代の富士は前みつを浅く取りスピードを活かした寄りというように、タイプは違うが三者とも「寄り」を軸とした攻め方をしていた。

わ

脇が甘い

実況 **四つには組みたくなかったんですが、ちょっと脇が甘かったですね。**

相手に差されやすいこと。逆に相手に簡単に差させないことを「脇が固い」という。脇を開けず、相手が差しにきたら肘を脇の少し前につけて防ぐのが基本とされる。

脇が甘い

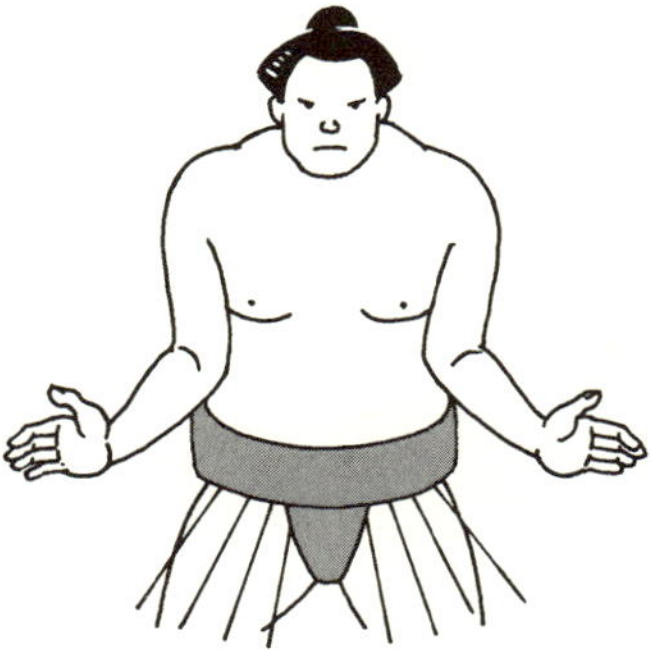
脇が固い

渡《わた》し込《こ》む

実況　土俵際で足を取って渡し込みましたね。

片手で相手の膝や太ももを外側から抱え込んで引くことを「渡し込む」という。例えば左を差して土俵際で寄り切ろうとしたときに、相手が回り込んで小手投げを打とうとする。ここで低く腰を下ろして、右手で相手の足を取って引き、上体を相手の体に浴びせて寄り倒すことがある。これで勝負がつけば決まり手は「渡し込み」となる。ちなみに、同じ展開でも足を取らないで勝負がつくと、決まり手は「寄り倒し」になる。

相手の膝や太もものあたりを、外側から抱えて引く動作を「渡し込む」という

よく耳にする決まり手

基本技、投げ手、掛け手など82の決まり手がある

ここまでは相撲の動作や体勢などに関する言葉を解説したが、ここからはよく耳にする、代表的な相撲の決まり手を五十音順に紹介する。決まり手とは、勝負が決まる際にかけられた技のこと。基本技、投げ手、掛け手、反り手、捻《ひね》り手、特殊技に分けられた82の決まり手がある。また、このほかに五つの非技（勝負結果）も公認されている。決まり手の中には「寄り倒し」、「はたき込み」などの実況中継で耳慣れたものに加え、「勇み足」や「肩透《す》かし」のように、その名称が生活の中で使われるようになった技もある。

浴《あび》せ倒し：四つに組んだ状態で、土俵の中で相手にのしかかるようにして自分の体重をかけて倒すこと。

内掛け：自分の足を相手の足の内側に掛けて引き、相手を仰向けに倒すこと。足を外側

に掛けて同じように倒す技が外掛け。

うっちゃり：相手に土俵際まで詰め寄られたとき、腰を落とし、体を反って相手を腹にのせ、右または左に体を捻《ひね》るようにして、相手を土俵の外に投げ捨てる技。ぎりぎり粘っての大逆転、といったドラマチックな場面になることもある。

上手投げ：相手の差し手の上からまわしをつかんで投げる技。言い換えれば、上手を取った腕で相手を投げること。

送り出し：相手の後方に回り、押したり、突いたりして土俵の外に出す。出し投げや差し手をたぐって相手の後ろに回ったときに見られる技である。

押し倒し：土俵の内、外に関係なく、相手を押して倒す技。

押し出し：もろはず（手）で相手の体を押して土俵の外に出す。片はずで、もう一方の手はおっつけて土俵の外へ出す形もある。

うっちゃり

肩透《す》かし：差し手で相手の腕の付け根を抱えるか、差し手を脇の下に引っかけるようにして前へ引き、体を開きながらもう一方の手で相手の肩などを抑えて引き倒す技。

小手投げ：相手の差し手を腕で抱え込んで、まわしは取らずに投げる技。まわしを取っていると「上手投げ」になる。

下手投げ：差し手（下手）でまわしをつかんで投げる技。まわしを取っていないと「掬《すく》い投げ」になる。

掬《すく》い投げ：相手の脇の下で差し手を返し、相手を掬うように投げる技。まわしを取っていると「下手投げ」になる。

上手（下手）出《だ》し投げ：相手の体勢を崩すのに有効な技であるが、それで勝負が決まることもある。決まり手としては、「上手出し投げ」と「下手出し投げ」がある。上手

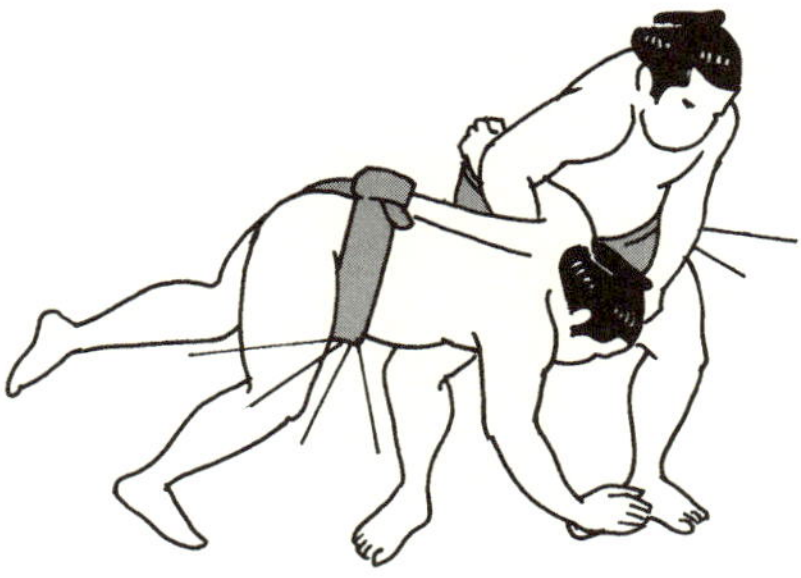

小手投げ

前みつを取った腕で相手の差し手を上から抑えて、体を開きながら出すように投げるのが上手出し投げ。下手出し投げは、下手前みつを引いて自分の体を開き、相手を引きずるようにして前へ投げる。

上手出し投げ

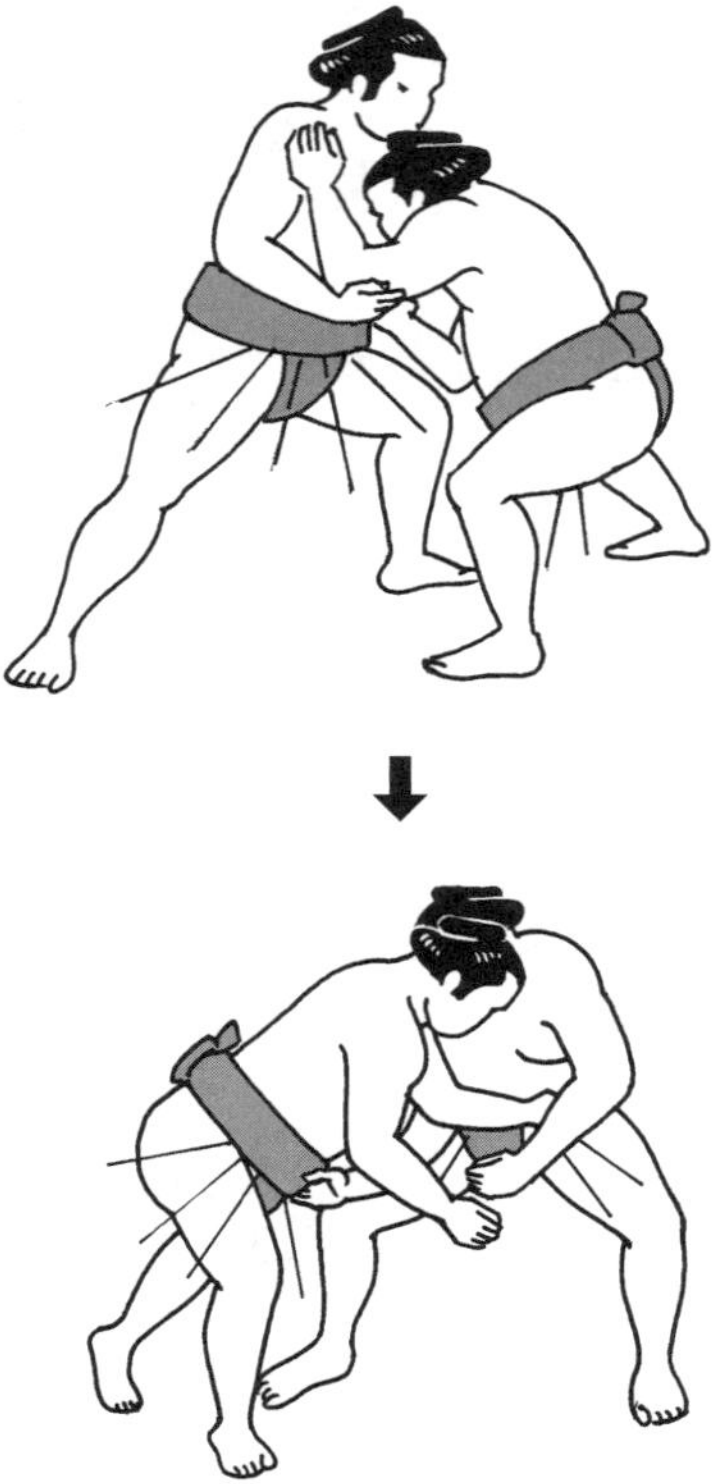

突き落とし：片手を相手の脇の下または脇腹あたりに当て、相手が前に出てくるのを利用して、下に突いて倒す。

吊り出し：相手より重心を低くし、両まわしを引きつけて、相手の体を吊り上げて土俵の外へ運び出す技。

はたき込み：相手が低い姿勢で前に出てきたときに、下がりながら片手または両手で、相手の肩や背中、腕などをはたいて下に落とす。

引き落とし：相手が頭を下げて前に出てきたときに、相手の腕や肩を手前に引いて、自分の前に引き倒す技。

寄り切り：四つ身の体勢で体を密着させ、前または横へ出ながら土俵の外へ相手を出す。

寄り倒し：四つ身で相手を寄り、土俵際で後ろに倒す技。

珍しい決まり手・ユニークな名称

「ずぶねり」、「網打ち」、「素首落とし」!? これはすべて決まり手

公認された87の技（決まり手82＋非技5）の中には、現在ほとんど見られることのない「たすき反り」や「撞木反り《しゆもくぞ》」などの反り技がある。その他、一年に一度見られるかどうかというような珍しい決まり手もある。例えば「ずぶねり」や「網打ち」などがその一例で、こうした決まり手を目にすることができれば幸運といえるだろう。

また、その名称から動きがまったく想像できないような決まり手や、物騒な名称、おかしみのある名称をもった決まり手も少なくない。ここではそんな決まり手をいくつか紹介してみる。

網打《あみう》ち：相手の差し手を両手で抱え、相手を後ろへ振って投げる技。その動作が投網を打つ動きに似ていることから、この名がついた。

極《き》め出し：相手の肘関節や肩関節を極めて（固定して）動きを封じ、そのまま土俵の外へ出す技。

小股掬《すく》い：投げをこらえようとして、相手が足を前に出したときに、その足の内側を片手で掬い上げ、そのまま相手を仰向けに倒す技。

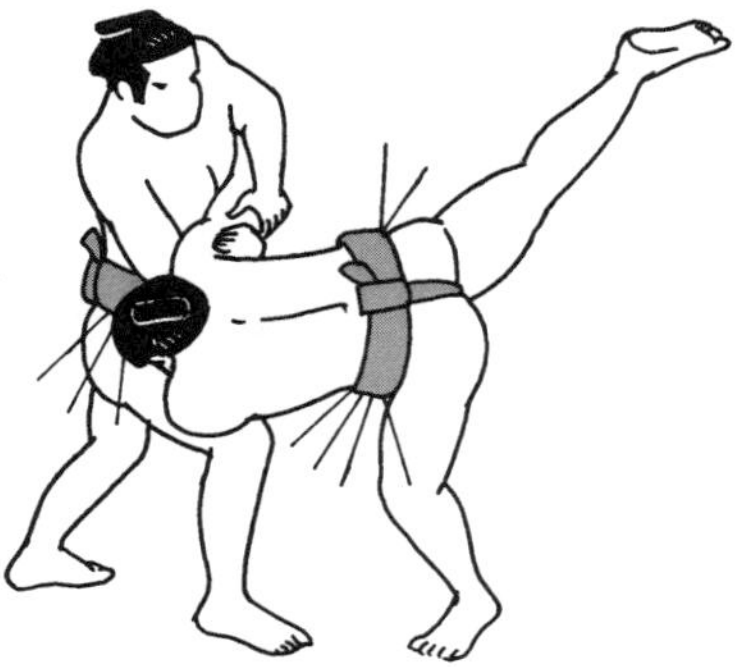
網打ち

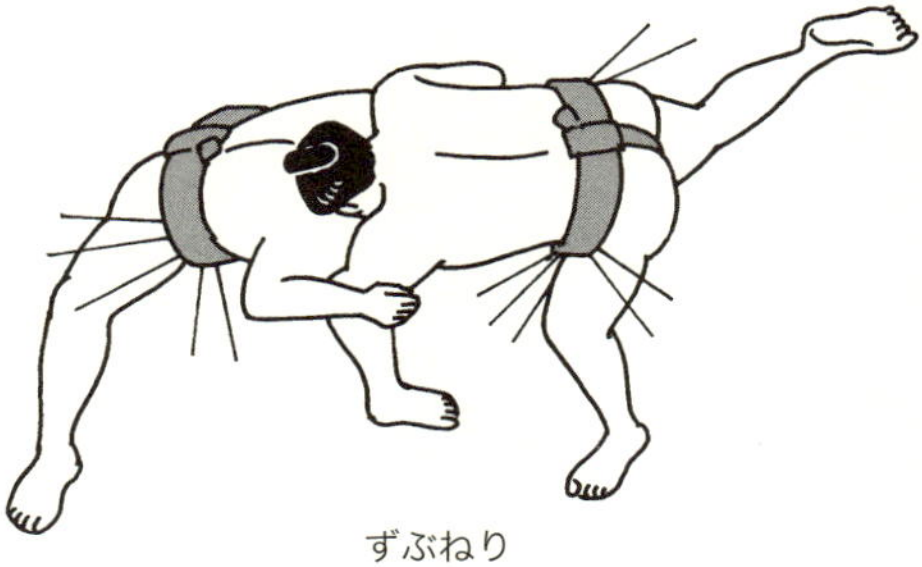

ずぶねり

ずぶねり：相手の肩か胸に頭をつけて、相手の差し手を抱え込むか、肘をつかんだ状態で、腕と頭で捻りながら相手を倒す技。頭を使って相手を捻り倒すことから「頭《ず》捻《ひね》り」といい、これがなまって「ずぶねり」という。

素《そ》首《くび》落《お》とし：頭を下げて前に出てきた相手の首や後頭部を、手首や前腕ではたき落として倒す技。

外《そと》無《む》双《そう》：差し手を抜いて、その手で相手の膝の外側を払いながら、もう一方の手で相手の差し手を抱えて捻り倒す。また、手の平や手の甲で相手の太ももの外側または内側を払う動作を「無双を切る」という。

三《み》所《ところ》攻《ぜ》め：内掛けまたは外掛けをしながら、相手のもう一方の足を手で外側あるいは内側

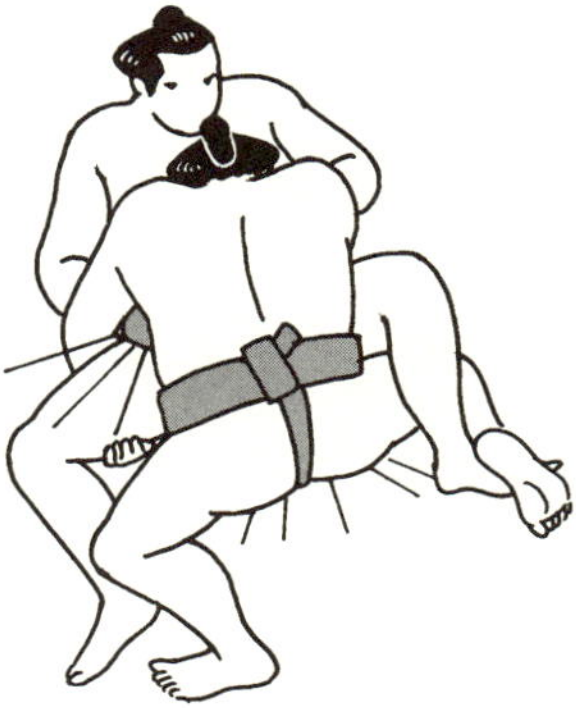

三所攻め

から抱え、さらに頭で相手の胸を押して仰向けに倒すこと。同時に三か所を攻めることになる。

土俵、会場などの基礎知識

土俵の直径は4m55㎝、20個の俵をつないで作られる

ここでは取組の舞台となる土俵や相撲会場、そこで役割を担う人たちについて紹介したい。例えば「徳俵《とくだわら》に足がかかりました」、「向正面《むこうじょうめん》」、「行司が式守〇〇に代わりました」などは、いずれも実況中継でしばしば登場する言葉ばかり。直接、観戦に関わる事柄ではないが、相撲の基礎知識として覚えておいてよいだろう。

土俵の大きさは直径4m55㎝(15尺)、16個の勝負俵と4個の徳俵で囲まれている。なお、徳俵は本来、屋外相撲場で雨が降ったときに土俵に水が溜まらないように設けられたものである。

蛇(じゃ)の目の砂

土俵の外側に沿って、約25cm の幅に敷かれた砂のこと。勝負が土俵際でもつれたとき、踏み越しや踏み切りの判定を明確にさせる役割をもつ。

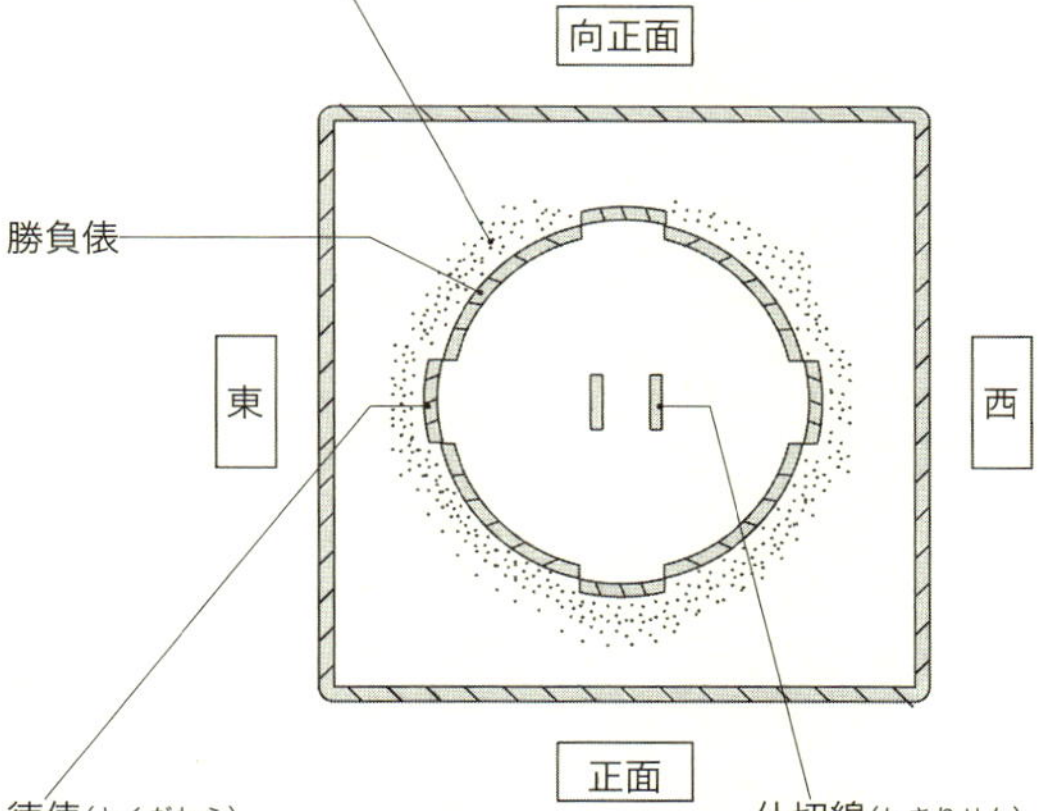

徳俵(とくだわら)

東西南北の真ん中の俵を、土俵の円より俵一つ分だけ外側にずらしたもの。その部分だけ土俵が広くなり、攻められた力士が得をすることから「とくだわら」と呼ばれている。

仕切線(しきりせん)

幅 6 cm、長さ90cm の白線を、70cm の間隔で描く。線が容易に消えないのはエナメルを何度も塗って描き上げるため。取組の終了後には、毎日塗って手入れをする。

今ではすっかり見慣れた土俵の姿だが、時代とともに変化し現在に至っている。例えば、仕切線の歴史は意外に浅く、始まったのは昭和3年である。それまでは、頭をつけ合って仕切ったり、徳俵あたりまで下がって仕切ったりする力士もいた。その他、昭和6年までは円形の俵が二重になっていたり、昭和27年までは土俵の四隅に柱があったりした。

土俵を取り巻く場内の位置関係は、正面、向正面、東、西などの呼称で定められている。正面に向かって右側が東、左側が西となるが、これは実際の方角に必ずしも一致しているわけではない。なお、テレビ中継の対戦シーンはおもに正面から撮影した映像なので、画面では左側が東、右側が西となる場合が多い。ちなみに、アナウンサーがよく「向正面の○○さん」と呼びかける向正面は、テレビ画面の奥になる。

相撲会場で見かける人々

取組の進行を支える、さまざまな役割をこなす人たち

相撲の会場では多く人たちが働き、取組を陰から支えている。呼出の姿はおなじみだが、その役割は本場所で力士を呼び上げるだけでなく、土俵作りや寄せ太鼓を打つなど、じつに多いことにも驚かされる。行司や審判委員などの姿もテレビでお馴染みである。このほか、年寄、若者頭、世話人なども、さまざまな形で相撲の興行を支えている。

行司《ぎょうじ》：競技進行と勝敗の判定をする審判の役割を担う。行司は制限時間になると「時間です。手をついて、待ったなし」などと声をかけ、両力士が立ち上がると同時に軍配を引く。このとき発する「ハッキヨイ」というかけ声は、「発気揚揚（気分を高めて全力で勝負しよう）」が詰まったもの。さらに「ノコッタ」は両力士とも土俵に残って勝負はまだついていないことを知らせている。ちなみに、行司の声を合図に勝負が始まると勘違いされがちだが、両力士の呼吸が合って立ち上がった時点で、行司が声を発して勝負開始となる。

行司

呼出《よびだし》：土俵に上がる力士を呼び上げる「呼び上げ」、拍子柝《ぎ》を打って進行の合図をする「拍子柝打ち」のほか、取組の間に土俵を掃き清めたり、水桶の横で力士の世話をしたり、懸賞幕をもって土俵を一周するのも呼出の役割。いわば進行の裏方さんともいえる大事な仕事を黙々と行っている。

審判委員：「今の勝負、物言いがつきました」。そんな実況が流れると、土俵上に登場して協議をする紋服姿の人たち。これが審判委員で、東と西に各1名、正面に1名（審判長）、向正面の行司溜まりに2名、合計5名で取組を見守っている。

呼出

審判委員

コラム　**データで見る、決まり手ベスト10**

次に示すデータは、平成13年に行われた本場所6回での決まり手をカウントし、その上位10手を抜粋したもの。「寄り切り」と「押し出し」が目立ち、前に出る技で決まる勝負が約半数と多い。相撲の基本が前に出ることにあるのを表している。

1	寄り切り	426回	6	突き落とし	80回
2	押し出し	338回	7	送り出し	57回
3	はたき込み	133回	8	押し倒し	55回
4	上手投げ	95回	9	掬い投げ	51回
5	引き落とし	92回	10	寄り倒し	50回

〈参考〉天野勝弘「大相撲75年間の土俵内容を「決まり手」の自己組織化臨界状態から評価する――スポーツのエンターテイメント性の評価――」(関東学園大学紀要 Liberal Arts、11、1－24、2003)

2章

取組の攻防を見抜く

技術や戦術を知れば相撲の楽しさが広がる

相撲の楽しみ方、観戦法はさまざまで、観戦術の決まりといったものもない。ひいきの力士をひたすら応援する、小兵《こひょう》力士が大きな力士を倒す姿を楽しむ、力と力のぶつかり合いや磨かれた技術を堪能する。それぞれの視点で観戦することが何よりだろう。

相撲は、土俵から出るか、先に体の一部が土俵についたほうが負け、というシンプルに勝敗が決まる競技なので、観戦するにも難しい理屈はいらない。しかし、長く相撲を見続けていると単に勝ち負けだけではなく、そこに見過ごしがちな技の応酬、何気ない動作の意味、手や足の位置取りや動きの理由など、さらに深い相撲の世界、楽しみを発見することがある。シプルな競技ゆえの奥深さ、味わいがあることを感じる。

そうした一端に触れるための知識として、この章では技術指導や口伝として広く伝えられている、相撲の鉄則や定石、攻めの型（パターン）、技術・ノウハウといったものを紹介する。また、相撲の経験者にしかわからない肌感覚の戦術、取組中の駆け引きなども、私の体験から述べさせていただいた。さらには観客のひとりとして、取組のどんな点に注目するか、どこに力士のうまさを感じるかなど、多少専門的な視点も加えてみた。

自分なりの見どころを増やしていけば「相撲通」になれる!?

相撲の技術、戦術、勝負の駆け引き、力士の心理状態などを知ると、今まで何気なく見過ごしていた攻防に目がとまったり、力士たちの超人的な力や高い技術力にあらためて驚かされることがある。

例えば「がっぷり四つ（48ページ参照）」の光景は本場所でよく目にするが、観客のほとんどは取組の中の小休止や、静かな動きのない時間――くらいに見ているのではないだろうか。ところが土俵上の力士は、お互いに強い力でまわしを引きつけ合ったり、腕を返したりしながら、相手の手や足の位置を肌で感じ、相手の反応をうかがうなど、動きはあまりなくても、まわりからは見えない戦いが行われている緊迫の時間なのだ。

こうした事実ひとつをとってみても、相撲の知られざる見どころ、魅力、奥深さが感じられるのではないだろうか。見るべきポイントをひとつ知るだけでも、相撲の風景が違って見えるだろう。そうして自分なりの視点を増やしていけば、いわゆる「相撲通」といわれる人たちのように、取組の流れを予想したり、決まり手の伏線となるようなシブイ技術を分析したりするという楽しみ方もできるようになるかもしれない。

《仕切り〜立合い》

前に出てくるのか、捕まえにくるのか。仕切りでの動きに注目

土俵に上がって制限時間までの間、両力士は何度か仕切りを繰り返す。何となく時間をやり過ごしているように見えるが、力士同士はここでまず相手の足の位置、脛《すね》の角度などを確認することがある。脛と土俵の角度が鋭角なら前へ強く出ようとしているなど、観察から相手の狙いがわかる場合もあるからだ。仕切りは相手の観察、腹のさぐり合いの場でもあるのだ。力士は通常、土俵に上がる前に、勝負を左右する立合いでどう立つかの方針を決めて、何回かの仕切りで、それを頭のなかでイメージしながら集中力を高めていく。そのため、立合いのイメージが仕切りでの体の動きに微妙に出てしまう。その微妙な動きを察知し、相手の出方を予測できれば、立合いを有利に運ぶことができるのである。

仕切りで土俵に手をついたときの脛の角度や体の位置は相手の狙いを知るひとつの手がかりになる。勢いをつけて強く相手に当たろうとするときは、自然と仕切線から遠くに立

ち、脛角度は鋭角になるのである。一方、前に出るというよりも、とにかく相手を捕まえたいというときには仕切線近くに立ち、脛角度が90度近くなってくることが多い。

脛の角度・直角：立合いに前に出ようとする意識が低いときには、仕切りで腰を落としたときに、脛と土俵の角度は直角くらいになる。

脛の角度・鋭角：前へ強く出ようとしている力士は、膝が前へ出て、脛の角度が鋭角になることが多い。強く当たろうという気持ちが、微妙なところに表れる例だ。

脛の角度・直角

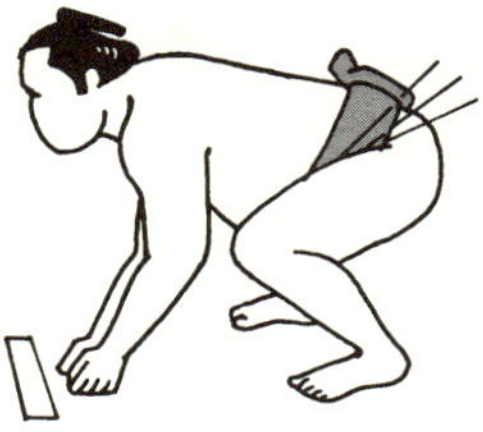

脛の角度・鋭角

仕切りの位置：仕切線から遠い位置に立つ力士（左）は、勢いをつけて強く当たろうとしていることが予想される。取り口では押し相撲の力士に多い。

仕切線の近くに立つ力士（右）は、早く相手を捕まえて組みたがっていることが予想される。タイプとして四つ相撲に多い。なかには相手によって立つ位置を変える力士も少数いる。観戦の際に仕切線から遠いか近いか、この点に注目して立合いを予測するのも面白いだろう。

相手との駆け引き、自分との葛藤。立合いで勝敗の9割方が決まる

直径5mに満たない土俵の狭さ、ほとんどが1分もかからない勝負時間の短さなどを考えると、立合いは勝敗を分ける大きなポイントになる。立合いで押し込まれれば勝負の形勢はほぼ決まり、たとえ一気に勝負がつかなくても、

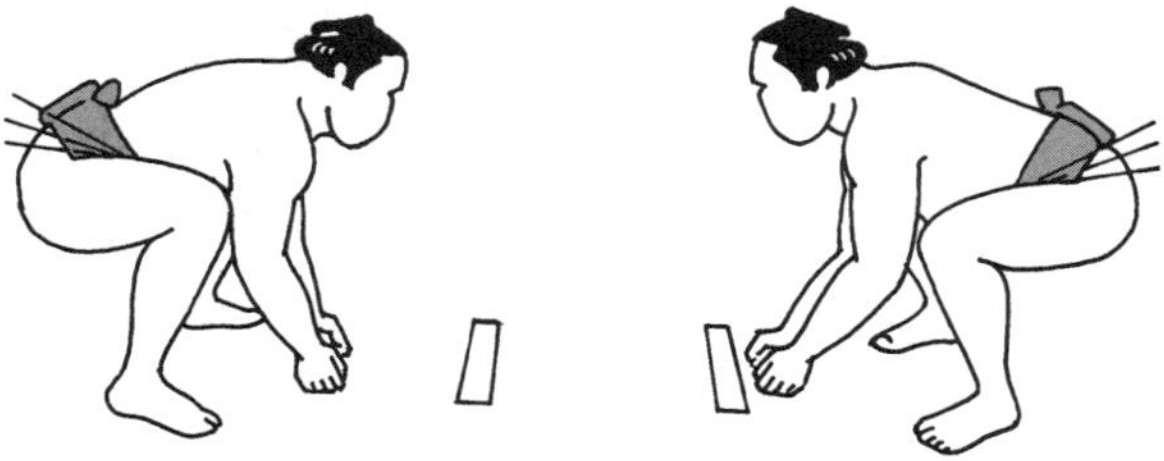

仕切りの位置

その後は劣勢で戦い続けなければならない。相撲では途中から挽回することは容易ではない。およそ勝負の9割は、ここで決するといってもいいのではないだろうか。

そこでほとんどの力士は、相手がどんな立合いをしてくるか、それにどう対応するかだけを考えて土俵に上がることが多いようだ。ただし、「押し込まなければならない」、「はたかれるかもしれない」などと考え始めると気の迷いが生じ、それが立合いの遅れとなって苦い思いをすることになる。だからといって「相手がどうこようと自分の相撲を取るだけ」というように自分の相撲の取り口を貫くのは容易ではない。かつての大横綱・双葉山などは数少ないこのタイプの力士だったという。

勝負を一気に決するため、勝負の主導権を握るため、力士たちはこの瞬間にすべてを賭けるといってもいいだろう。思い切り前へ出るか、横に変化して相手の当たりをかわすか、相手との駆け引きとともに、自らの葛藤が一瞬に凝縮される。観戦する側も両力士の取り口、土俵上での表情や挙動、すでに紹介した仕切りでの動きなどから、その成り行きを予想したり、両者の心理に思いをめぐらせることができる。これこそ立合いならではの醍醐味だろう。

《攻防》

まわしはつかんでいるだけじゃない！　じつは強い力で引きつけている

相撲の技術として「まわしを取ったら引きつける」ことが基本とされている。相手を引きつけることで上体を伸び上がらせるなど、不利な体勢にして攻めやすくする目的がある。がっぷり四つに組んだときに、お互いに強い力で引きつけ合いをしていることがある。引きつけ勝ちすれば主導権が握れ、吊る、寄るなどの攻めを展開することが容易になる。

ところが端目《はため》には、そんなに力を出し合っているようには見えない。多くの人が、ただまわしをつかんで立っている、くらいの感覚でとらえているのではないだろうか。これなども観客には見えない（わからない）攻防のひとつで、知っていれば相撲の見どころが増えるだろう。

「上手は浅く、下手は深く」取るのが相撲の定石

一般的に上手を取れば有利といわれるが、まわしのどのあたりをつかむ（取る）かも重要なポイントになる。相撲の定石のひとつに「上手は浅く、下手は深く」という教えがある。上手はまわしの前のほう（これを浅くという）を取って相手を引きつけ、相手の差し手を上手で抑えてしまえば理想的な形になる。悪くてもまわしの真横（横みつ）を取らないと、上手を取ったメリットがないとされる。もし、まわしの後ろのほうを取る（「深くまわしを取る」という）と、相手の差し手が深く入ることで自分の肩が上がり、上体が起きた不利な体勢になりやすい。

こうした定石を踏まえて、上手を浅く取りたい、取らせない、という攻防が見どころになる。とくに上手を浅く取らせまいと、差し手の肘を外へ突き出すようにして（腕を返して）、相手の手が前まわしに届かないようにする場合が多い。こうなると、上手をあきらめるか、取れても後ろのほう（深い位置）になるので、有利な体勢にはなれない。そこで、相手が腕を返そうとしてきたとき、その腕をおっつけて（21ページ参照）、うまく前みつを取る、という反撃もしばしば見られる。

小さな動作、素早い動きで見過ごされがちだが、お互いに相手のやりたいことをやらせない、というせめぎ合いは、玄人好みの場面かもしれない。

上手の良い例：上手で前まわしのあたりをつかむことを浅く取るという。この体勢なら相手の差し手を封じながら、有利に次の動きへ移ることができる。

上手の悪い例：上手でまわしの後ろ側をつかむことを深く取るという。これでは相手に腕を返されるなど、こちらが不利な体勢になりやすく、上手を取ったメリットが少ない。

下手の良い例：下手はまわしの後ろのほうを（深く）取ることで、腕を返して相手に上手を取らせないようにしたり、相手の下に入って有利に戦うことができるようになる。

浅く取っている
上手の良い例

この下手はもっと深いほうが良い
深く取っている
上手の悪い例

深く取っている
下手の良い例

上手を取る、下手を取る。一体どちらが有利なのか？

四つ相撲の場合、上手（まわし）を取るのか、下手（まわし）を取るのかで、その後の展開が変わってくる。相撲関係者の間では「上手が有利」といわれるが、じつは明確な理由はない。あえて有利な理由をあげるとすれば、上手は相手の下手（差し手）を上から抑える（殺すという）ことができる点だろう。しかし、下手を取っているほうが重心が低く、相手の懐に入りやすいので有利、という考え方もできる。

どちらが有利かは相撲のタイプにもよるが、一般的に指導の上で推奨されているのは「上手相撲」になる。というのも、下手を取りにいくと半身（相手に対して体が斜めに向く形）になりやすく、積極的に攻めるというより守りの体勢になりがちなため。これでは相手が攻めてこないと、こちらから攻めにくい状況になってしまう。それに比べて上手は、取った後に攻めやすい形といえる。だから一般的には、上手が取れるかどうかが勝負のポイントになる場合が多い。

しかし、力士たちは上手、下手の有利と不利を承知した上で、やはりタイプによって「上手がほしい人」と「下手がほしい人」に分かれるようだ。

かつての横綱・輪島、小結・増位山、小結・舞の海などは、下手を得意として強かった代表的な力士だ。この3人に共通しているのは、非常に強靭な足腰をもっていたこと。下手を取って重心が低い状態で相手にのしかかられても、重圧に負けず腰を入れて下手投げが打てる下半身の強さがあった。この条件を満たさないと、下手を得意にすることは難しいかもしれない。

(上手)まわしが切れれば、形勢逆転のチャンス

相手が上手を取っている(上手)まわしを切るのは高度な技術とされる。しかし、これがうまくいけば、不利な状況から有利な体勢へ変わることも可能になる。とくに自分が上手を取れていれば、その後は非常に有利に勝負を進めることができる。

まわしを切る方法はいくつかある。よく目にするのは、差した側の肘で相手の上手を上げながら、腰を前へ出して切る方法。または、下手の肘を外へ抜いて、腰を引いて切る方法などもある。いずれも腕と腰、上体と下半身をうまく連動させることが大切になる。

ちなみに、まわしを取られるのを嫌う力士の中には、まわしを取りにくくするため、あるいは取られてもすぐに切れるようにするため、きつくまわしを締める場合がある。押し

相撲の力士に多く見られるが、現役力士では琴奨菊がその典型だ。本場所でも、琴奨菊のまわしがきつく締められ、体にめり込むようになっている様子を見ることができる。

上手を取るための、差し手の攻防も見どころ

上手は相手が差してきた（差すは29ページ参照）腕の上からまわしをつかむので、上手を取りたい側を相手が差しにきた場合は上手の前まわしを取りやすい。ただし、相手が差してこないと上手まわしを取ることができない。そのために上手を取りたい側から引っぱり込むと、相手を懐に入れ、攻め込まれる不利な体勢になってしまう。そこで、取りたい上手の反対側を自分から差しにいき、上手を取りたい側を相手が差さざるを得ない（そうでないとこちらがもろ差しで十分になってしまう）状況をつくり、上手を取ることになる。

例えば右上手を取りたいときは、左を差しにいく形だ。このとき、相手が左四つのタイプ（左腕で差す）ならいいのだが、右四つのタイプ（右腕で差す）になると、こちらの左腕と相手の右腕で差し手を争うけんか四つ（49ページ参照）になる。上手を取るために、まずこの差し手争いに勝たなければならない。

各力士の取り口を知り、こうした形が予想される対戦では、得意な四つになり上手を取

るためにどのような動きをするか、させないか、その主導権争いに注目するのも面白い。

右利きは右四つが組みやすい。すると数が少ない左四つは有利か!?

右利きの人の多くは、自然に四つに組もうとすると右四つのほうが組みやすい。相撲の初心者では、右四つが得意という人は多い。また、平成25年3月場所の幕内力士42名中、右四つは20名、左四つは6名、どちらともいえない力士は16名である。稽古で押しの練習をする場合でも、受け側は右胸を前へ出し、押す側はその右胸を押すことが一般的だ。これは右四つで、右胸が前に出る体勢と合致している。つまり右四つがベースになった稽古が行われているのである。

こうして日頃から、相手の右胸を押すことに慣れているので、左四つで左胸が前へ出る体勢は、多くの力士が不慣れで押しにくいことになる。野球でアンダースローなど変則的なピッチャーが打ちにくいのと、どこか似たところがあるかもしれない。

すでに述べたように、相撲の初心者では右四つがほとんどであり、プロの力士でも右四つが多い。しかし、横綱クラスになると左四つの割合が高まってくる。戦後の横綱では、右四つと左四つの割合はほぼ半々である。さらに、その中から七大横綱（この言い方については異論もあろうが）を見てみると、大鵬、輪島、北の湖、朝青龍の4人が左四つで、白鵬と千代の富士の2人が右四つ、貴乃花は右四つ・左四つのどちらでも相撲が取れる取り口となり、左四つのほうが多くなってくる。一般的には、左四つは力士の中でも比較的少なく、また力士は左胸が前に出た相手（左四つの体勢）を押すことには不慣れなために、左四つが有利になるのであろう。ただし、上位力士になると、左四つの割合が増えてくることから、各力士は、左四つの相手との対戦でどのように相撲を取るかを十分研究して臨むので、左四つが必ずしも有利ということにはならない。

差し手で「まわしを取る、取らない」にも戦略がある

差し手でまわしを取っているか、取っていないか。一見、成り行きまかせのように思えるが、そこには戦略が隠されている場合がある。

まず、上手を取っている状況で下手まわしも取れれば、両手で相手を引きつけることができる。こうなると相手は体が開けないため、とくに下手投げを封じることができる。逆に、下手投げを得意とする力士（横綱・輪島はその典型）は、相手に下手を取らせまいとする。また、下手を取れば胸と胸を合わせて寄ることもできるので、胸を合わせて攻めた

い体の大きな力士は、下手まわしを取るのが常道だ。

一方、下手まわしを取らない場合。差した腕を返して相手の体が伸び上がれば、有利な体勢で攻めることができる。また、相手と適度な間隔を保つことができるので、差し手を抜いて上手出し投げで相手を崩して前へ出るような攻めも選択できる。

自分の得意な形に持ち込むか、相手の弱点を攻めるか。次の展開を見据えた状況判断が、差し手の動きひとつにも表れる。

巻き返しは勝負どころで行う、リスキーな動作

巻き返し（44ページ参照）は、劣勢から一気に優位な体勢になることを狙って行われる。成功すれば優勢になり、ひとつ間違えれば相手に攻め込まれるリスクを伴った技といえる。

巻き返しを行うときは、自分の体と相手の差し手の間に腕を差し入れる隙間をつくる。そのために一瞬、上体を起こす（後ろへ反る）ような体勢になる。相手にとってはこの瞬間が、前に出て攻めるチャンスとなる。しかし、巻き返しのうまい力士は、その動作が素早く、タイミングが絶妙である。かつての横綱・北の湖はその典型といえるだろう。

巻き返しは両者にとって、一瞬で状況を変え得るものだ。巻き返しが行われたら、勝負

（状況）が大きく動く可能性がある。どちらが優位に立つのか、その後の展開から目が離せない動きといえる。

「四つから攻めるときは自分の差し手の側へ」が定石

四つに組んだ体勢から攻める場合には、自分の差し手の側（方向）へ出るのが定石といわれている。「自分の上手（側）から下手（側）へ攻める」という定石も同じ意味になる。例えば右四つならば、右方向へ寄るということになる。上手側へ攻めると、上手投げや突き落としなどの反撃を受けるリスクが高いためだ。

また、相手を吊ったときも、完全に相手の両足が浮いている場合は別として、相手を自分の差し手（下手）側へ運ぶのが鉄則。上手側へ運ぼうとすると、相手が残ったとき、上手投げで反撃される可能性がある。というのも、上手投げは吊られた高い姿勢でも掛けられる技だからだ。それでは同じ理屈で、下手側へ動いたときは下手投げで反撃されないか、という疑問が残る。しかし、下手投げは低い姿勢から腰を相手の懐に入れて掛ける技なので、吊られた高い姿勢から反撃するのは難しい。

プロ同士の取組は状況や展開によって、必ずしも定石や鉄則どおりにならないが、こうした道理を知って観戦することも相撲の味わいのひとつになる。

差し手の腕を返す、返させない。上手と下手の見えないせめぎ合い

差し手の腕を返す（22ページ参照）ことは、鉄則ともいえる動作だ。相手に上手を取られていない場合は、腕を返すことで相手は上手が取りづらく（遠く）なる。また、相手に上手を取られていても、腕を返すことで相手の上体が伸び上がってくるので、寄って前に出るなど、攻めの機会が生まれる。

しかし、相手も上手をより効果的にするため、上手を絞って（内側へ締める）こちらの差し手を抑え込み、腕が返らないようにしようとする。四つ相撲ではしばしば見られる攻防である。例えば動きが止まったように見える四つの体勢でも、「下手」対「上手」の動きとしては見えないせめぎ合いが行われている場合もある。こうした地味な攻防に注目できれば、まさに相撲通の観戦術といえるだろう。

さらにディープな視点をひとつ。返した腕を相手が上手から下へ押し下げようとするとき、差し手を素早く抜いて、相手の上手からの力を利用し、バランスを崩したところで上手投げや上手出し投げを掛けるという有効な攻めがある。とくに上手投げや上手出し投げ

を得意としている力士なら、こんな展開も予想しながら見ると面白いかもしれない。

おっつけは勝負を左右する効果的な攻め口

おっつけ（21ページ参照）は前に出ようとするときや、膠着《こうちゃく》した場面を動かそうとするときなど、さまざまな状況で使われる。最もよく見られるのは、相手が差しにくるのを、おっつけて押すという場面。相手の差し手を封じつつ、相手を下から上におっつけて押し上げ、バランスを崩して攻める効果的な技だ。相手はおっつけに対して腕を抜いたり、肘を曲げて対処することもできるが、不利な体勢が続くことに変わりはない。

また、しばしば見られるのが、四つに組んで上手が取れないか、無理をしてもまわしの後ろ（深いところ）しか取れないような場面。腰を入れて差し手をおっつけることで、相手は上体が伸び上がると同時に腰が前へ出てくるので、上手が取りやすくなる。しかもまわしが浅く（前のほうが）取れるので、しっかり相手を引きつけることができ、相手の差し手も封じた有利な四つ身になれる。四つ相撲の力士には、このパターンを使うシーンがしばしば見られる。近年では大関・魁皇《かいおう》が、左差しで右からおっつけて上手を取るシーンが思い出される。

目立たない動作なので見落としがちだが、四つ相撲ではおっつけが使われる場面は意外に多く、勝敗を分ける伏線となることも少なくない。

がっぷり四つでは観客に見えない駆け引きが行われている

がっぷり四つ（48ページ参照）は動きが止まった状態、力の均衡した状況と見られがち。しばしの小休止と思う人もいるかもしれない。しかし、両力士にとってはそんな悠長なものではなく、まわしの引きつけ合い、上手と下手のせめぎ合い、相手の足の動きに対する警戒（足は見えないが）など、微妙な感覚をさぐり合いながら、同時に相手の反応も見て、少しでも有利な体勢へ持ち込もうとする緊迫した状況なのだ。

また、一見静止しているようにも見えるが、ここから寄るか、投げるか、吊るか、次の展開を見据えてまわしを持ち替えたり、足の位置を替えたりするなど、小当たりに動いて様子をうかがっている場合が多い。こうした観客には見えにくい、小さな動きの応酬を観察するのも、通好みの相撲の楽しさだ。

がっぷり四つになるのは、お互いの力が五分と五分で均衡しているためと思われがちだが、これも間違いである。両者同じように上手、下手を取り合っているように見えるが、まわしを取る位置により有利か不利かが違ってくるのである。まず注目したいのは、どちらがより「上手を浅く、下手を深く」取っているかということ。この条件に近いほうが有利な状況にあるといえる。

さらに、両者の取り口（相撲のタイプ）でも、有利・不利が分かれる場合がある。四つ相撲同士なら五分と五分に近いかもしれないが、四つ相撲と押し相撲では、やはり四つの得意な力士が有利になるのは当然だろう。

がっぷり四つは、力士も観客も緊張感が高まる場面。細かい点まで目をこらせば、その見どころはじつに多い。

大型力士、小兵力士。特徴を生かした取組はここに注目

現在は外国人力士も増えたことから、２ｍを超える身長、２００kgを超える体重など、体の大きな力士が多く見られるようになった。こうした大型の力士は、パワーを生かした豪快な相撲が魅力だろう。

大型力士は両腕で相手を外から挟みつけて「鶏を追うように」相手を追い込むのが鉄則といわれている。大きな体で相手の懐に入ると相撲が窮屈になるので、外側から攻めるの

が常道というわけだ。また、相手を自分の横につかせず、つねに自分の体の前に置いて勝負することも大切である。ただし、相手はこうした鉄則を逆手にとって、左右への揺さぶりや、回り込んでの攻めなど、弱点をついた動きをしてくる。体の大きさとパワーを生かした形にいかにできるか、大型力士の取組はここに注目である。

小兵《こひょう》力士は大型力士とは対照的に、相手の懐へ入ることが基本といわれている。相手の胸に頭をつけて食い下がる、下から相手の上体を起こして攻めるなど、典型的な戦い方がある。しかし、相手との体格差が大きすぎる場合は、むやみに懐へ飛び込んでも外から引っぱり込まれて動きが取れなくなる場合がある。そこで体の小さい力士は、いなし、はたきで相手をかわしたり、相手の横や後ろへ回り込むなど、縦横無尽に動き回ることで勝機を見出そうとする。パワーが不足する分、動きと攻めの速さ、多様さ、そしてしぶとさをどう活かすか、小兵力士の取組の注目点のひとつである。

《勝負の詰め》

内掛けや外掛けは、相手が吊りにきたときが狙い時

内掛け（53ページ参照）や外掛けなど、相手の足を攻める技は、相手の軸足を狙うのが効果的である。軸足にはより重心がかかり、体を支えている足なので、これは当然のことだろう。しかし、組み合った体勢では、通常、軸足は後ろへ引いた側の足になり、取組中はほとんど相手の軸足に足を掛けるチャンスはない。

ただし、取組の中で軸足が前へ出てくる数少ない場面がある。それは「吊り」の動作に入ったときで、相手の体重を両足の力で持ち上げるため、軸足が前に出て両足が揃った体勢になるからだ。足技がうまい力士はこの瞬間を見逃さず、相手が吊ろうとしたとき、すかさず外掛けや内掛けで攻め返してくる。逆に吊る側からすれば、こうしたリスクを知りながら吊ろうとすることになる。どちらかが吊りにいったら、足を掛ける逆襲があるか注目してみたい。

これぞ玄人好みの技。技巧派ならではの上手出し投げ

「出し投げ」は勝負を決める技としてだけではなく、相手の体勢を崩す技としても効果的。

また、反撃される可能性が小さいので、本場所でも多用される技のひとつである。とくに体の小さな力士が、出し投げを連続して打ち、大きな力士を翻弄するような場面はよく見られる。

出し投げには状況に応じてさまざまなやり方がある。その中でも肘関節を極めて投げる、うまさに裏打ちされた通好みのパターンがある。四つに組んで浅く上手を取るまでは同じだが、ここで差し手で相手の体を起こす動きをする。相手がこの動きに反応したところでサッと差し手を抜くと、相手は不意をつかれて体が前にぐらつく。そこですかさず体を開き、相手の（下手の）肘関節を極めながら下に抑えつけるように出し投げを打つ。相手は残そうとすると肘関節を痛めるので、やむなく土俵に手をつく。往年の横綱・栃錦《とちにしき》、その弟子の関脇・栃東《とちあずま》などの技巧派に見られたパターンだ。

観客にはあっさりと上手出し投げが決まったように見えるだけで、むしろ拍子抜けするかもしれない。ところがそこには、肘関節の動きを封じる技巧派ならではのテクニックが生きているのだ。こうした「派手さはないがシブイ技」は、まさに玄人好みの相撲といえるだろう。

ピンチの後にチャンスはない

相撲の取組の時間は数秒から数十秒がほとんど。すでに紹介したように、立合いで勝負の大勢が決まってしまう。ほかのスポーツのように「ピンチの後にチャンスあり」、「勝負の潮目《しおめ》が変わる」ということはめったになく、劣勢を巻き返すのは難しい。

ただし、優位に立っている力士が勝ち急いで負ける、という光景もしばしば目にする。これはどちらかといえば自分本位の相撲で、攻め急いで相手が見えなくなる場合に多い。

ちなみに、往年の大横綱、双葉山や大鵬は、攻め急ぐところがまったくなかった。それは慎重な上に、相手をよく見て、受けて戦えるためだ。立合いに相手の動きに応じて少し遅れぎみに立つことを「後《ご》の先《せん》」というが、双葉山は相手が出てくるのを待ち、それを下から攻める形を得意とした。しかし、これは極めて難しいことで、立合いでの遅れは命取りになるのが通常だ。

勝負終盤の見どころ

取組の詰めの段階になると力士たちは、「いつ勝負に出るか」というタイミングをはかり、「一気にいくか、技を挟んで崩してからいくか」などの手段を、状況を見て決断する。相撲が長引いた場合は、これが勝敗を左右する大事な場面になり、見る側も終盤はこうした点が見どころのひとつになる。

読みどおりに事が運んで勝つこともあれば、攻めたところを反撃されたり、ワンクッションおいたことで勝機を逃すこともある。よくテレビの実況中継で解説者が、勝負どころで一気に前へ出て勝った力士に「思い切りがいい相撲でしたね〜」と賞讃し、同じように負けた力士には「攻め急ぎましたね。焦りがあったのではないでしょうか」と苦言を呈することがある。しかし、これが勝負の怖さで、どちらが正解かは勝負がつくまでは誰にもわからない。ただ、緊迫した場面で力士たちがどう動くか、予測と期待を交えながら見るのは楽しいものである。

勝負の仕上げに見せる、地道なテクニック

勝負にかける力士ならではの、勝ちをより確実にするための技術がある。目立たない動作なので見過ごされがちだが、知ればなるほどとうなずけるものが多い。

例えば、上手投げや下手投げの場面を見ると、投げを打ちながら、もう一方の手で相手

の頭を抑えて前傾姿勢を取らせることがある。相手に頭を下げさせて、投げ技を確実にするためだ。元横綱の千代の富士や朝青龍が、上手投げの際によく見せていたテクニックである。また、上手投げを打つ際に、上手で相手の下手を抑え（極めて）、そのまま相手を下に投げる場面も目にする。これも投げ技をフォローする動作で、こうしたテクニックも駆使して勝負を決めている。

土俵際でも同じような場面が見られる。相手を土俵際へ追い込んで寄り切る際に、腰をスッと低く落とすような動きだ。重心を落として体勢を低くすることで、相手の反撃を封じることができる。さらに高度なテクニックをもった力士は、土俵際で体の力を抜いてしゃがみ込み、相手の腰あたりにぶら下がるようにして腰を落とすことがある。脱力した体は重く感じられるもので、つき立ての大きな餅が腰のあたりにまとわりつくような感覚になる。ただし、これができる力士はそう多くはない。大横綱・双葉山は、土俵際の詰めでよくこの動きを見せていた。

勝負の詰め、仕上げともいえるこうした技術を、観戦の中で見つけるのも楽しいのではないだろうか。

コラム **相撲の階級(ランキング)**

大相撲では階級制度によって力士たちのランキングが定められている。新弟子が初土俵を踏む「前相撲」に始まり、序ノ口、序二段、三段目と階級とレベルが上がっていき、最上位に位置するのが「幕内」という階級になる。なお、横綱、大関、関脇、小結というのは役名のことで、正式にはこれより下の力士はすべて前頭といい、役名はない。

前相撲 新弟子検査に合格した力士は、本場所の取組前に行われる「前相撲」に参加する。さらに「出世」と呼ばれる土俵でのお披露目を受けると、次の場所は序ノ口へ階級が上がる。

←

序ノ口 番付表にシコ名がのる、まさに力士のスタート地点。この時点で前頭となる。(一般には、役力士以外の幕内力士を前頭というが、正式には、役力士を除いた、十両、幕下、三段目、序二段、序ノ口を含むすべての力士を前頭という)

←

序二段 序ノ口で好成績の者が上がってくる。平成25年3月場所では九十四枚目までの番付がある。つまり東西合わせて200人近い力士がしのぎを削っている激戦の階級といえる。

この「○枚目」というのは、その階級での番付順のことで、数字が少ないほど上位となる。幕内以外は階級ごとに一枚目（十両は筆頭）からランク付けがされる。

⬅

三段目　序二段で実力が認められた者が上がり、番付表の三段目にシコ名がのる。

⬅

幕　下　出世街道を進み、関取といわれる一歩手前。番付表の二段目左寄りにシコ名がのる。

⬅

十　両　正式には「十枚目」という。協会から給料が支給され、これで晴れて関取となる。大銀杏にマゲを結い、化粧まわしを締めて土俵入りができるのもこの階級から。

⬅

幕　内　番付表の最上段にシコ名がのる。まさに力士の中のエリートたちが集まる最上階級となる。ちなみに平成25年3月場所では横綱2名、大関4名、関脇2名、小結2名、前頭が筆頭から十六枚目までの32名の構成となっている。幕内の中でのランクは横綱、大関、関脇、小結、前頭の順になる。よく耳にする「三役」とは大関、関脇、小結をさす。

3章

現役力士の取り口と勝負の見どころ

多くの力士には得意な攻め方、相撲の型(タイプ)がある

注目の取組を紹介する前に、相撲の世界でよくいわれる型（タイプ）について紹介する。型とは各力士が得意とする相撲のスタイルのことで、取り口ともいわれる。100ページの図にあるように、「前に出る相撲」、「四つ相撲」、「懐に入る（食い下がり）相撲」がその代表的な例となる。しかし、中にはひとつの型に固執せず、いくつかの取り口を得意とする力士もいる。また、かつての横綱・朝青龍《あさしょうりゅう》のように、どの取り口でも強さを発揮する万能型といえる力士もいる。

「前に出る相撲」は、徹底して押しまたは寄りで勝負するタイプのこと。はず押しや突き押し、一気の寄りなどで相手に圧力をかけていくのが特徴。現役力士では大関・琴奨菊《ことしょうぎく》がこのタイプで、決まり手に「寄り切り」が多いことが、その取り口をよく表している。

「四つ相撲」は、相手としっかり組んで勝負をしていくタイプ。横綱・白鵬は「右四つ」、往年の大横綱・大鵬は「左四つ」と、力士によって得意な差し手が異なるが、胸を合わせてから攻める取り口は同じ。組んでから寄る、投げるなど、状況を見ながら勝負に出ていく。また、かつての関脇・逆鉾《さかほこ》のように「もろ差し」になると強みを発揮する力士や、関

脇・把瑠都《ばると》のように一般的には不利な体勢の「外四つ」でも十分に勝負ができるような力士も、数は多くないがこのタイプに分類できる。

「懐に入る（食い下がり）相撲」は、前みつを取って相手の胸に頭をつけ、しぶとく食い下がって勝機をうかがうタイプ。かつての横綱・栃錦をはじめ、大関・旭国や小結・舞の海などがその典型的な力士といえるだろう。大型の力士には少なく、どちらかといえば小《こ》兵《ひょう》の力士に多くみられるタイプ。とくに、小さな体で大きな力士に立ち向かうときには、相手の懐に素早く入って頭をつけ、重心を低くした構えからの出し投げや足技といった戦術が取られることが多い。小が大を倒す痛快さで観客をわかせるのも、このタイプならではの魅力かもしれない。

各力士はこうした自分の持ち味、勝負できる形を活かしてこそ、取組を有利に進められる。しかし、大相撲ではお互いに何度も対戦していることが多いので、お互いに相手の型を十分に研究して対策をたててくる。いかに自分の型にもっていくか、相手の型にはまらないようにするか、その主導権争いも相撲の醍醐味のひとつといえるだろう。この後で現役力士の取り口や特徴も紹介するが、各力士の型を知ることで、相撲観戦の目のつけどころがひとつ増えるのではないだろうか。

力士の取り口

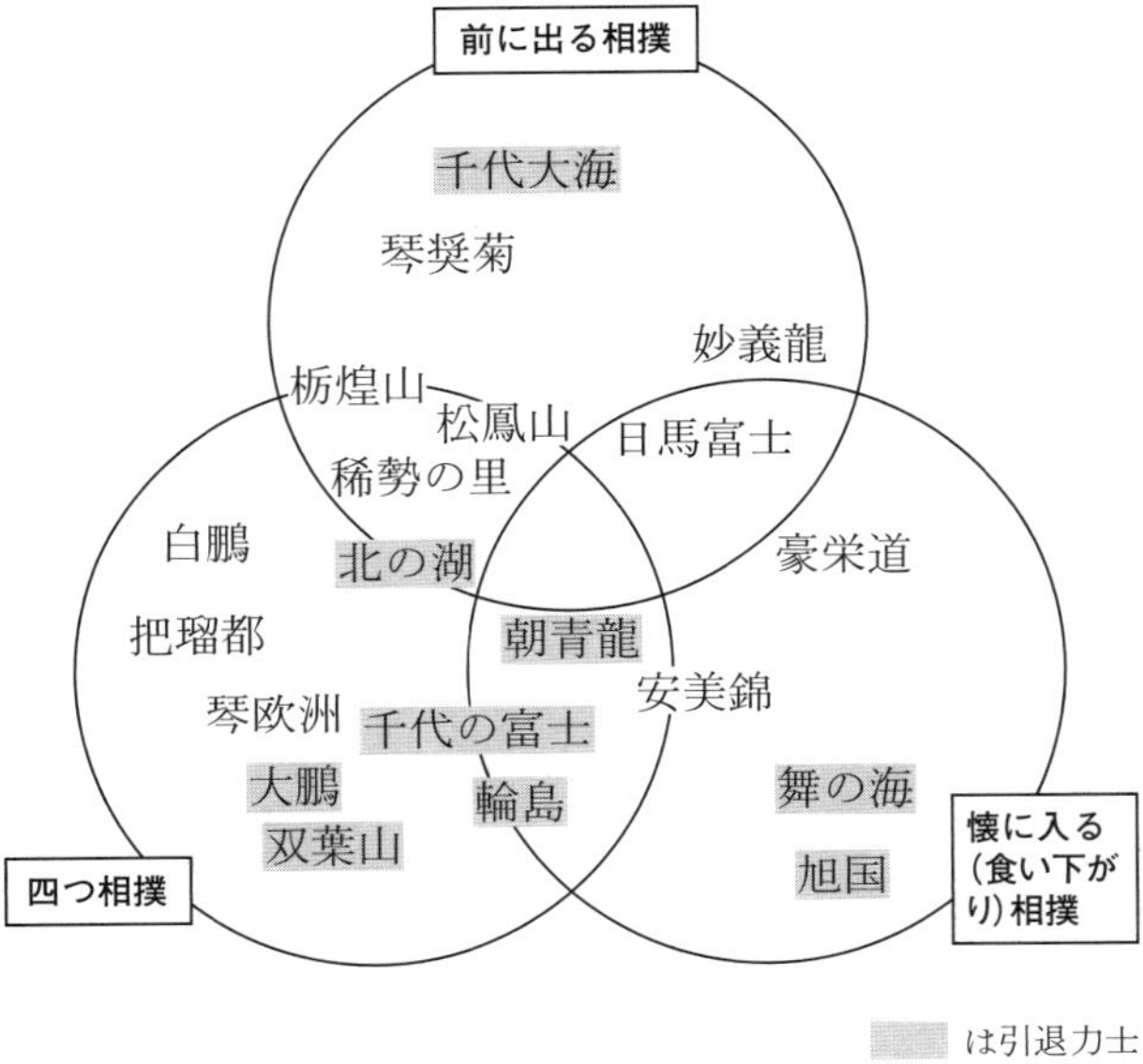

ひとつのタイプにとどまらず、複数の取り口をもつ力士もいる

現役力士の取り口、特徴

　ここでは現役力士（平成25年3月場所現在）の取り口、得意の型、相撲の特徴をひとことでまとめてみた。このような情報を参考にして観戦すれば、各力士が自分の得意な型にどうもっていくか、相手がそれをどう阻むのか、両者のせめぎ合いをより楽しむことができるだろう。

白鵬《はくほう》

　身長１９３cm、体重１５５kg。長身で安定感のある四つ相撲。右四つ。右を差しての左上手で十分となる。左右からの投げが強い。

日馬富士《はるまふじ》

　身長１８６cm、体重１３３kg。元来、頭から当たり一気に前に出る取り口。突き押し、懐に入ってからの寄り、投げを得意とする。得意は右四つ。小兵ながら速い攻め、激しい気性が特徴。

稀勢の里《きせのさと》

身長188cm、体重176kg。前に出る相撲。左四つ右上手で十分となる。押し、突っ張りのほか、右差しの相手には左からの強烈なおっつけがある。やや腰高のところがあり、気性は激しいがムラっ気もある。

琴欧洲《ことおうしゅう》

身長203cm、体重157kg。長身の力士。右四つ左上手で十分となる。腰高で膝が内側に入るのが難点。

琴奨菊《ことしょうぎく》

身長180cm、体重177kg。あんこ型の力士。元来、左四つ。もろ差しが十分だが、左四つでも右四つでも、低い重心から徹底してがぶって出ることが得意。まわしをきつく締め、相手がまわしを取りにくく、また、取られてもすぐに切れるようにしている。

鶴竜《かくりゅう》

身長１８６cm、体重１４６kg。右四つ。相手の懐に入ってからの寄り、下手投げが得意。

豪栄道《ごうえいどう》

身長１８３cm、体重１５４kg。右四つ。寄り、出し投げ、切り返しが得意。スピードはないが、しぶとい相撲を取る。

把瑠都《ばると》

身長１９８cm、体重１９３kg。長身で重量もある恵まれた体。元来、右四つだが、両まわしを取れば、左四つあるいは外四つでも十分となる。寄り、投げ、吊りが得意。

栃煌山《とちおうざん》

身長１８８cm、体重１５３kg。取り口はもろ差し。押し、寄りの強さが特徴。

妙義龍《みょうぎりゅう》

身長１８７cm、体重１４５kg。右四つ、もろ差し。低く当たっての押し、寄りを得意とする。前さばきのうまさに定評がある。

安美錦《あみにしき》

身長１８６cm、体重１５２kg。右四つ。右四つからの寄りの他、肩透かし、出し投げなど多彩な攻めを得意とする。

松鳳山《しょうほうざん》

身長１７８cm、１３８kg。左四つ。押し、突きを得意とする。四つに組んでも、右上手を取り、相手に上手を与えない体勢で十分。右からの小手投げが強烈。

現役力士・注目の取組

ここでは私が注目する現役力士（平成25年3月場所現在）の取組を紹介する。横綱、大関などの上位力士が中心となるが、力と力、力と技、大と小など、さまざまな視点から興味をそそられる好取組を個人的に選んでみた。

両者の取り口から予想される相撲内容と、過去の取組から見た両者の強み、弱点、攻略法など、私なりの感想もまじえて紹介する。もちろん、観戦の楽しみとなる、取組の見どころも紹介する。

白鵬　日馬富士

白鵬は立合いに右肩から当たり、右四つに組み止めたい。一方、日馬富士も右四つだが、白鵬が十分の右四つには組みたくない。

白鵬としては、立合いに強く踏み込んで、相手に押し込まれないようにしたい。日馬富士は頭から当たって突っ張る方法と、左を固めて白鵬に右を差させず、もろ差しを狙うという方法がある。

過去のこの対戦では、右相四つであるにもかかわらず、左四つになることがある。これは日馬富士が白鵬に右を差されるのを嫌い、左を固めるため。その結果、日馬富士が左を深く差して、白鵬は右から抱え込む形にしばしばなる。この形から日馬富士が前に出ると、白鵬は右から上手投げを打ってくる。日馬富士としては、左足を内側に入れて下手投げを打ち返すか、左足を外側に踏み込んで切り返すかという選択になる。しかし、日馬富士は右を深く差してからの下手投げや外掛け・切り返しは得意であるが、左を深く差してからの技はあまり得意としない。したがって白鵬の懐に入り込んだ良い体勢であるとはいえ、不用意に前に出ると上手投げで投げられることになる。

それでは、もともと右四つの日馬富士が、立合いから懐に飛び込んで右を差しにいくとどうなるだろうか。結果として白鵬に左上手を取られる可能性がある。こうなっては日馬富士が得意の右を差したとしても、白鵬に十分な左上手を与えることになり、勝てる見込みは少なくなる。

白鵬 稀勢の里

白鵬は右四つ、稀勢の里は左四つのけんか四つである。立合いに白鵬は体当たりから右差し左上手を狙うのに対し、稀勢の里は頭から当たるか体当たりの後、左からおっつける。この二人の対戦はけんか四つのため、しばしば突っ張り合いになり、稀勢の里が有利になることもしばしばある。

白鵬が確実に勝つためには、立合いに素早く踏み込んで右肩から強く当たり、前に出て相手に圧力をかけることが必要になる。この二人の対戦では先に前に出た側が有利になる。

前さばきでは、白鵬が右を差しにいっても、稀勢の里の左からのおっつけは強烈であり、よほど強く踏み込まないと、右を差すことは難しい。かといって左上手を取りにいくと、稀勢の里に右から抱え込まれて左四つになってしまう。そこで白鵬は左上手を取りにいき、稀勢の里が右から抱え込んで上手を取りにきたら、頭をつけて左肘を張り、上手を与えず右からおっつけて攻める形を取れば、相手の左四つの形とはいえ有利に戦える。こうした内容であれば、対稀勢の里戦での相撲の幅が広がり、余裕をもって相撲を取れるのではないかと私は考える。

稀勢の里 日馬富士

日馬富士は右四つ、稀勢の里が左四つのけんか四つとなる。日馬富士は頭から当たってもろ差しを狙いたいところ。稀勢の里は左からおっつけて前に出る。離れると両者ともに突っ張りがある。突っ張り合いでは体格に優れる稀勢の里が有利だが、張り手や横への動きなど日馬富士の動きは激しく速い。

日馬富士は、立合いに一歩早く鋭く当たり、前に出て圧力をかければ、右を差す、あるいはもろ差しになることができる。また、立合いから激しく突っ張って圧力をかけ、懐に飛び込んでもろ差しになることも可能である。

稀勢の里は、立合いにしっかり腰を下ろした構えから踏み込み、日馬富士が右を差しにくるところを、得意の左からのおっつけで一気に押し込みたい。

白鵬 把瑠都

両者とも右相四つ。把瑠都は右四つであるが、両まわしを取って胸を合わせれば右左どちらの四つでも十分に相撲が取れる。白鵬は本格的な四つ相撲で実力者とはいえ、身長、体重ともに勝る把瑠都とはがっぷり胸を合わせる形になることは避けたい。立合いに踏み込んで、右四つでも左四つでも、上手を与えない形になって攻めたい。

ただし過去の対戦では、総合力に勝る白鵬は無理に頭をつけたり、腰を引いて上手を取らせないようにしたりせず、流れの中でがっぷり四つになることがよくある。がっぷり四つに組んでも白鵬は把瑠都よりも腰が低く、簡単に寄られたり、吊られたりはしない。白鵬も寄ったり吊ったりすることができず、対戦はしばしば長引くが、最後には白鵬の投げで勝負がつくことが多い。

把瑠都は、白鵬とがっぷり四つに組むと、力の入った長い相撲を取ることはできるが、勝つことは難しい。左四つでも右四つでも、上手を取らせない形になり先に攻めたいところだ。そのためには、立合いに一歩早く踏み込んで先に上手を取るか、突っ張りで先制攻撃をしかけ、相手の上体を浮かせて先に上手を取り、相手に上手を与えない四つに組みたいところである。白鵬は立合いに踏み込んで先に上手を取り、無理をせずに攻めれば負ける可能性は低い。

日馬富士　把瑠都

小兵の日馬富士と巨漢の把瑠都の対戦は、相撲ファンとしては大変魅力的な一番である。身長、体重とも大きく上回る把瑠都は、小兵の日馬富士を懐に入れないように、立合いからリーチを活かした突っ張りで圧倒したいところである。

日馬富士は、平幕の伸び盛りの頃は、立合いから一気に前に出る押し相撲であり、巨漢の把瑠都を立合いから一直線に押し出すことがあった。しかし、最近の対戦ではそうした相撲にはならない。把瑠都が立合いに右から体当たりをしてくるのに対し、日馬富士は左に変化して出し投げを打ったり、立合いに頭から当たって二、三発突っ張ってから左に回り、出し投げで崩すという戦法に出ることが多い。

把瑠都が勝つためには、右の体当たりから突っ張りで一気に勝負を決める作戦ではなく、把瑠都から見て右側に日馬富士が変化して上手を取り、出し投げを打ってくることを予想して突っ張れば、大きく体勢を崩されずに攻めることができるであろう。

日馬富士は、立合いから鋭く当たって前に出る、左上手から出し投げを打って崩す、右下手から懐に飛び込んで前に出て下手投げを打つなど、多彩な攻撃で把瑠都を翻弄する必要がある。

把瑠都 稀勢の里

稀勢の里は把瑠都に対して5勝20敗（平成25年1月場所終了時点）と、過去の対戦成績が極めて悪い。その原因は、稀勢の里が得意の左四つになったとしても、腕の長い把瑠都に上手を取られ、どうしてもがっぷり左四つに組んでしまうところにある。

稀勢の里としては、把瑠都に対しては得意の左四つであっても、ただ寄って出るというだけではなく、上手を与えずに頭をつけ、右上手から出し投げで崩して攻めるという戦法が必要だろう。もうひとつの手としては、がっぷり左四つに組んでも負けないということである。そのためには、左がっぷり四つでも把瑠都より腰を低く維持し、前に出られても上体が伸びず、残せるようにすることだ。そして右からの上手出し投げ、あるいは上手投げで把瑠都の体勢を崩すことができるようになると、がっぷり左四つに組んでも簡単には負けなくなるだろう。

把瑠都はまともに攻め合うと横綱クラスの実力をもつ力士であるが、弱点は横から攻められることである。稀勢の里は長所を活かして攻めるタイプだが、把瑠都に対しては弱点をつく攻め方をしたほうが勝つことができる可能性が高い。把瑠都としては立合いからまず突っ張って相手の上体を伸ばし、四つに組んで両まわしを取るということに尽きる。

白鵬 琴奨菊

白鵬は琴奨菊に対して、上手を取れない形でがぶって寄られると厳しい状況になる。前さばきで先手を取り、左四つであろうが右四つであろうが、相手に上手を与えない体勢にもっていきたい。

琴奨菊としては、白鵬が立合いに右を差してきたら、左上手を浅く取って上手を与えない右四つでがぶって出たい。また、流れの中で左四つになっても、上手を取らせずに前に出たいところ。

前さばきでは白鵬のほうが一枚上手で、また白鵬は投げ、捻《ひね》りなど技が多彩である。一方、琴奨菊は右四つでも左四つでも上手を先に取って、徹底してがぶって前に出たい。取り口の幅としては白鵬のほうがかなり広く、琴奨菊としては立合いからいかに先手を取り、前に出るかが勝負どころとなる。

日馬富士 琴奨菊

この二人は、いずれも立合いに低く当たり、相手の懐に入って攻めるという点で共通している。そのため、双方とも立合いに低く当たっていきたいところだが、相手も低い体勢で当たってくるため、さらに低く当たろうという意識が働き、一方が低くなり過ぎることがある。このためこの対戦では、しばしば立合いで当たり合った直後に、はたき込みで勝負がつくことがある。

取り方としては、琴奨菊は立合いから右四つでも左四つでも、徹底してがぶって出るということに尽きる。逆に軽量の日馬富士にとっては、一気に前に出てくる嫌な相手といえよう。日馬富士としては、立合いに当たり負けしないよう前に踏み込み、前さばきで上手を与えない体勢に持ち込み、寄り、いなし、投げなど多彩な技で攻撃したいところである。

稀勢の里　琴奨菊

両者、相四つで左四つになることが多い。双方とも右上手が取れれば寄って出ることができるが、なかなか上手が取れず、しばしば力の入った長い相撲になる。最終的には上手を取ったほうが勝ちをおさめる可能性が高くなる。

四つに組んで上手を取れない状況から上手を取るために、おっつけて前に圧力をかけて上手を取る方法がある。この方法はかつての横綱・北の湖や大関・魁皇が多用したが、稀勢の里、琴奨菊のどちらか一方がこの方法で上手を取るようになったら、両者の勝敗を大きく左右することになるであろう。

把瑠都　琴奨菊

把瑠都は本来右四つで、立合いに右肩から当たっていく。琴奨菊は、それに対して左上手前みつを取って右四つに組むことがよくある。

この対戦の勝敗は、左四つでも右四つでも把瑠都が上手を取れば有利。また琴奨菊は、どちらの四つでも上手を与えない形かもろ差しであれば有利になる。立合いにいかに相手に圧力をかけ、前さばきで有利に運ぶかが重要となる。

鶴竜　豪栄道

この両者は右相四つだが、右四つになってじっと組み合うことはほとんどない。その理由は、両者ともそれほど体格に優れる力士ではなく、得意は右四つとはいえ、がっぷり組んで胸を合わせることを得意としないからである。

両者ともにアゴを引いて、相手の懐に入って前まわしを取り、頭をつけた体勢からの寄り、投げを得意としている。立合いに低く鋭く踏み込み、先制攻撃をしかけて前さばきを制したほうが有利となる。

妙義龍 松鳳山

妙義龍が右四つで、松鳳山が左四つのけんか四つである。いずれも体格に恵まれているわけではなく、がっぷり四つに組むことを得意としない。

立合い、妙義龍は左を固めて右から差しにいき、右四つあるいはもろ差しを狙う。一方、松鳳山はもろ手突きから突っ張りで先制攻撃をしかけるだろう。松鳳山としては、右を差されては勝ち目がないので、四つに組むとしても左四つが勝つための絶対条件になる。

妙義龍は左四つに組むとしても、松鳳山に上手を与えない形にならないと勝ち目がない。そこで左四つになり、双方とも上手が取れない状態になる可能性があるが、ここから妙義龍が前に出ると松鳳山には右からの強烈な小手投げがある。

前さばきのうまい妙義龍。基本的に突き押しの相撲であるが、最近左四つに組んでも地力をつけてきた松鳳山。興味深い取組である。

栃煌山 安美錦

押しともろ差しからの寄りで最近力をつけてきた栃煌山と、ベテランで曲者《くせもの》の安美錦の取組。栃煌山は曲者の安美錦をよく見て頭から当たり、突き押しまたはもろ差し狙いで前に出る。安美錦は当たって一気に前に出て勝負を決めるか、相手が出てくるところを右からの肩透かしや出し投げで崩して攻めたい。

双方ともにがっぷり四つに組むことを得意とせず、低い体勢から攻めるタイプなので、頭が低くなり過ぎるとはたき込み、肩透かし、いなしなどの技で勝負が決まる可能性がある。

コラム

知られていないルール、意外なルール

相撲のルールは、ほかの競技に比べてシンプルだ。しかし、なかには知られていないために誤解されやすいもの、意外な印象を受けるルールもある。

■知られていないルール

送り足：相手を吊った状態（相手の両足が宙に浮いたまま）で土俵の外に運ぶときに、こちらの足が先に土俵の外へ出ても、吊っているほうが勝ちとなる。こうした状況で吊られた側は「体《たい》がない」といわれ、そこからはもう反撃ができないとみなされて負けになる。吊った相手を土俵の外へ下ろすときに、必ずしも自分は土俵の中にいなくてもよい。相手を吊ったまま、自分も土俵の外に出ていけばいいのである。

かばい手：相手が頭から後ろへ倒れるなど、危険な状態で倒れるのを防ぐために、先に手をついて相手をかばう行為。この場合は先に手をついても、手をついた側の勝ちになる。

■禁じ手・反則

取組で以下のような禁じ手を使うと反則負けになる。

握り拳《こぶし》で殴る／頭髪を故意につかむ／目または水月《みぞおち》などの急所を突く／両耳を同時に両掌で張る／前袋をつかみ、または横から指を入れて引く／のど、胸や腹をつかむ／一指または二指を折り返す（指折り）

4章

相撲史に残る「昭和・平成の名勝負」

記憶に残る勝負から見える、名力士たちの強さと凄さ

3章では現役力士の取り口を紹介し、そうした特徴を知った上で注目したい取組について解説した。そこで、ここからは時間を少しさかのぼり、往年の名力士たちの取り口がよく表れている対戦をいくつか選び紹介したい。ここに選んだ昭和30年代から平成に至るまでの7番は、相撲ファンの語り草となっているもの、横綱同士の優勝をかけた大一番、新旧の主役交代を感じさせる好勝負など、いずれも後世に名を残す力士たちが、もてる力と技を出し切った、まさに熱戦と呼べるものばかりである。

昭和30年代は3番を紹介する。栃錦は多彩な左からの足技などを武器に、小兵としての相撲の取り方を見せてくれる。そして若乃花は、強靭な足腰の強さを生かした力強い攻め口が映像からうかがえる。さらに、好敵手といわれた大鵬と柏戸の勝負は、柔と剛の対照的な二人の特徴がわかりやすく出ている。

昭和40年代に入り、北の富士、玉の海の両横綱による取組では、上手まわしを取りたい玉の海と、それを阻止する北の富士の攻防がわかりやすく表れている。序盤は狙いどおりの展開になった北の富士だが、次第に形勢が逆転していく様子が映像に残されている。

昭和50年代からは、これも数々の名勝負を残した北の湖、輪島の取組を紹介する。輪島には分が悪かった北の湖が、輪島攻略のきっかけとなった一戦といえるだろう。攻めたい気持ちをじっと抑える北の湖、左で下手を取り右からおっつけて攻めをうかがう輪島。根くらべのような勝負は、3分を超える水入りの大相撲となった。

昭和60年代も横綱同士の取組を紹介する。ウルフの愛称で親しまれていた千代の富士が、巨体の大乃国に対して苦しい中でもきれのある動きを見せる。しかし、大乃国は体の大きさを生かしてひたすら前へ出る。小兵力士と大型力士の勝負の形を見せてくれる一戦。

そして、平成になってからの印象に残る一番は、貴乃花と朝青龍の一戦。組んで胸を合わせたい貴乃花と、組んでは分が悪いので離れて勝負したい朝青龍。激しい朝青龍の突っ張りを受けながらも、ひるまず前へ出る貴乃花。やっとの思いで朝青龍を捕まえた貴乃花は、すかさず勝負を決めにいく、横綱らしい堂々たる取り口だった。

これらの勝負を画像や映像で振りかえると、各力士の個性がそのまま取組に表れていることがわかる。そして技の冴え、相撲のうまさをあらためて感じずにはいられない。以下では私なりの解説をまじえながら、勝負の流れ、ポイントを探り、名力士たちの強さの理由を再発見、追体験できればと思っている。

栃《とち》錦《にしき》 大《おお》内《うち》山《やま》（昭和30年 5月場所 千秋楽）

横綱に昇進して2場所目の栃錦と新大関の大内山が対戦した一番。栃錦は身長178cmで、体重は横綱昇進当時には110kgに満たない小兵であり、対する大内山は身長205cm、体重154kgの当時としては超大型力士であった。栃錦は右の前みつを取って頭を相手の胸につけて食い下がった体勢から、寄り、出し投げ、二枚蹴り、内掛けなど、多彩な技を駆使するスピード感あふれる相撲。一方の大内山は、筋肉質の体と長い腕を利用した張り手や突っ張りなど、豪快な相撲を得意とした。

この日の対戦では、立合いから大内山が張り手と突っ張りで激しく攻撃するのに対し、栃錦は下から突っ張りをかいくぐって懐に入り、内掛け、二枚蹴り、左下手からの出し投げと技をかける。ここから栃錦が左に回り込み、両者の体が一瞬離れたところを、大内山は突っ張りで猛然と攻撃。大内山は土俵際まで栃錦を追い詰めるが、栃錦は辛うじて土俵際を回り込んで両者は土俵中央に戻る。右四つで上手が取れない栃錦が、左からおっつけて左がはずにかかったところ、大内山は右腕で栃錦の左肘を上げる。栃錦は一瞬、左腕が上がった絶対絶命の形になるが、左から強引に首投げを打つと大内山の巨体が宙を舞った。

1

懐に飛び込もうとする栃錦(右)を、大内山が突っ張って中へ入れさせない

2

突っ張りで攻めていく大内山に対して、懐へ入ろうとする栃錦

3

突っ張りをかいくぐって懐へ入った栃錦(手前)がもろ差しになる

4

栃錦(右)が左内掛けで応酬する

5

栃錦は、両腕を抱え込まれた不利な形勢を変えようと、二枚蹴りで揺さぶる

6

栃錦(手前)は、右下手を抜きながら、左下手出し投げで揺さぶりをかける

7

栃錦(左)は、左下手を離して、肩透かしを打ちながら回り込む

8

体が離れた後、大内山(奥)が、再び張り手を交えた突っ張りで前へ出る

9

栃錦(奥)は左に回り込んで、大内山(手前)の突っ張りを下からあてがって応戦

10

栃錦は、大内山に押されて、土俵際に追いつめられる

11

栃錦(右)は再び左に回り込み、左からおっつけて大内山の懐に入ろうとする

12

栃錦(奥)は左からのおっつけに成功し、左を浅く差したもろ差しの体勢になる

大内山は、右から挟みつけるようにして、栃錦の左腕を押し上げる

栃錦(下)は、左腕を大内山(上)の首にかけ、左腰を入れて首投げを打つ

大内山の腰を下からはね上げるようにして、勝負の首投げを打つ

こらえる大内山だが、巨体が前へ倒れ込んでいく

大内山が宙を舞うようにして土俵下へ落ちていく

栃《とち》錦《にしき》若《わか》乃《の》花《はな》

（昭和35年 3月場所 千秋楽）

両者ともに横綱としては小柄であったが、秀でた技術、旺盛な気力、強靭な足腰によって土俵狭しと動き回り、戦後の相撲ファンを熱狂させた。この対戦は両横綱とも全勝で迎えた千秋楽での相星決戦。栃錦は翌場所には途中引退したため、両者の最後の対戦となった。両者ともに左四つだが、栃錦は右前みつを取っての寄り、出し投げ、左足での二枚蹴りや内掛けなど、多彩な技とスピード感ある攻撃が特徴。若乃花は、相手を左がっぷり四つに組み止めてからの上手投げ、右四つからの仏壇返しなど豪快な投げ技を得意とした。

相撲巧者である栃錦としては、右前みつを取って上手を取らせず、相手に頭をつけたいところであったが、立合いに両者は左肩から当たり合い、互いに上手・下手を引き合う左がっぷり四つの形になった。いくらか寄り合い、残し合いの攻防があったが、徐々に全盛期の若乃花がまわしを引きつけて十分な四つ身となる。長い相撲となり、栃錦はがっぷり四つでは不利とみて、左下手を抜き、若乃花の右手首を上から抑えて上手を切ろうとしたところ、若乃花にまわしを引きつけられ、ここで力尽きて寄り切られた。全盛期の若乃花に栃錦がかなわなくなったことを感じさせる、栃錦ファンとしては寂しい対戦となった。

栃錦(左)、若乃花(右)の両者が左肩から体当たりをして、前さばきの応酬をみせる

左のがっぷり四つになる

若乃花(手前)が寄る

栃錦が若乃花の寄りを残す。
若乃花が栃錦の上手を切る

5

土俵中央に戻って、再びがっぷり四つの体勢。左が若乃花で、右が栃錦

6

逆足になっていた若乃花の右足の位置が近いと感じた栃錦が、得意の左内掛けをしかける

7

若乃花が右足を引いて、内掛けを難なく残す

8

緊迫した状況でのがっぷり四つがしばらく続く

若乃花(奥)が右上手投げで揺さぶるが、栃錦(手前)も辛うじて残す

再びがっぷり四つの状態が続いた後、栃錦(右)が左下手を抜いて上手を切ろうとする

若乃花がもろ差しになり、両まわしを引きつける

若乃花が両まわしを引きつけ、万全の体勢で栃錦を寄り切る

大《たい》鵬《ほう》 柏《かしわ》戸《ど》

（昭和36年　9月場所　優勝決定巴戦2戦目）

柏戸はのど輪または、左まわしを引きつけて一気に前に出ることを得意としていた力士。一方の大鵬は、左四つまたはもろ差しが得意で、柔らかい体と強靭な足腰を武器にじっくりと攻めるタイプであった。二人はまったく異なるタイプの取り口であり「剛の柏戸、柔の大鵬」といわれた。ともに大関に昇進したが、それまでの二人の対戦は柏戸7勝、大鵬3勝で、四つ相撲の大鵬は一気に前へ出てくる柏戸を多少苦手にしているようであった。

この対戦はともに大関同士で、12勝3敗同士の優勝決定戦。立合いに柏戸が体当たりから前に出ようとするところを、相撲巧者の大鵬は下からすくい上げるようにもろ差しを果たす。しかし、柏戸は左からのど輪、右からおっつけの形で一気に前へ出て、大鵬を土俵際に追いつめる。大鵬は辛うじて回り込んだもののバランスを崩し、柏戸にもろ差しを許してしまう。柏戸は再び大鵬を土俵際まで寄り立てるが、大鵬は棒立ちになりながらも、柔軟な体と強靭な足腰でうっちゃるようにして体を入れ替えて寄り切る。体が入れ替わったときに、柏戸の足が土俵の外に出たようで、決まり手はうっちゃりとなった。一気に前に出る柏戸、柔らかい体で粘る大鵬と、両者の特徴がよく表れた取組であった。

柏戸（右）22歳、大鵬（左）21歳。この場所の後に、二人揃って横綱昇進を果たす

柏戸が体当たりから前へ出ようとするのに対し、大鵬はもろ差しを狙った立合い

大鵬がもろ差しを果たす

4

柏戸が左からのど輪、右からはおっつけて、

5

一気に前へ出て攻める

6

大鵬(左)は辛うじて残したが、バランスを崩して、柏戸にもろ差しを許す

7

柏戸(手前)が左差し手から大鵬(奥)を右へ振るようにして揺さぶりをかける

8

大鵬（手前）は左に回り込んだが、柏戸は両下手を深く取った十分な体勢に

9
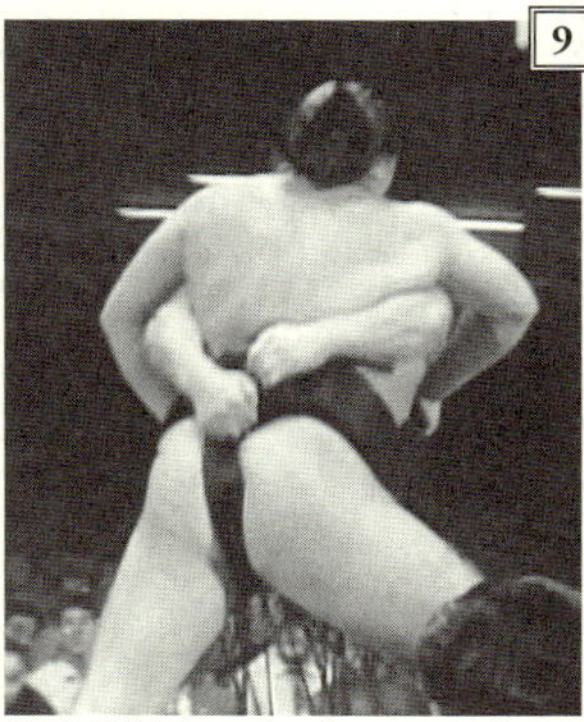
柏戸が勝負をかけて前へ出ていく

10
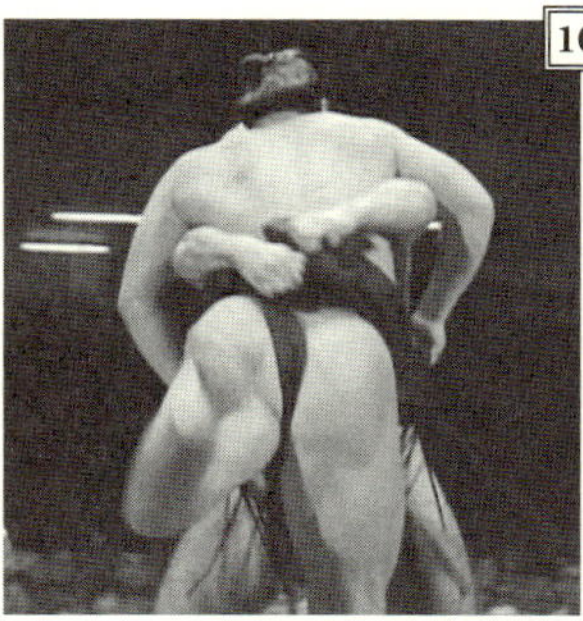
柏戸が大鵬を吊りながら前へ出る

11

土俵際で大鵬（右）が粘って残し、うっちゃるように体を入れ替え、

12
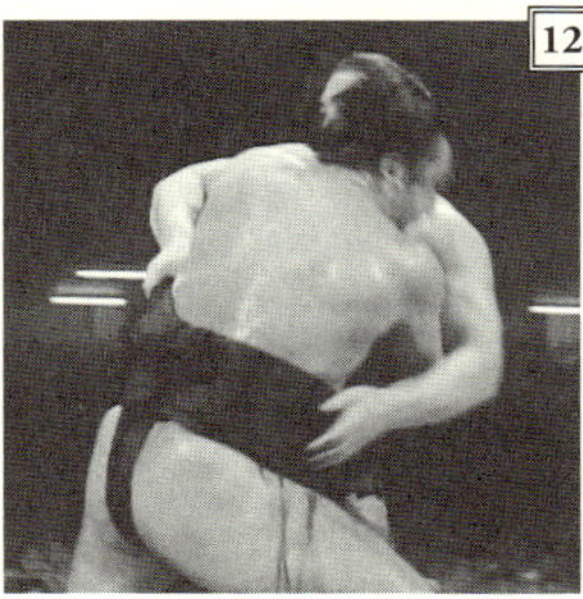
柏戸（手前）の足が土俵の外へ出て勝負あり

北《きた》の富士《ふじ》―玉《たま》の海《うみ》

（昭和46年 7月場所 千秋楽）

北の富士は突っ張りから左四つに組み、前に出て右から外掛けというスピードのある相撲が得意。一方、玉の海は右四つで左上手・右下手を取り、差し手を返した体勢から、柔らかく強い足腰を活かした吊りを得意としていた。この両者の取組は、ほとんど立合いから突っ張り合いになり、北の富士が前さばきを制して得意の左四つになる形が多かった。

この日も立合いの体当たりから突っ張り合いになり、北の富士が上手を与えない十分な左四つに組み止めた。北の富士が機をみて寄ったところを、玉の海は上手を取って土俵際を回り込み、両者土俵中央で左がっぷり四つに。そして再度、北の富士が寄って出たところを、玉の海は回り込みながら上手を切り、上手を与えない体勢のまま寄り切った。

過去の対戦でも、玉の海は右四つになれば間違いなく有利だが、北の富士がそれを許さずほとんど左四つになった。しかし、玉の海は左四つでも右上手を取れば十分相撲を取れた。これまでの北の富士は、得意の左四つで右上手を取り、玉の海には上手を与えない十分な四つで、玉の海が弓反りになって吊りにくるところを右外掛けで攻めるというパターンが多かった。玉の海の勝機は、流れの中で上手を取れるかどうかにかかっていた。

北の富士(左)、玉の海(右)の立合いは、いつものように体当たりで始まった

両者ともに突っ張りで攻める

玉の海がのど輪で攻める

北の富士(手前)が左を差し、玉の海(奥)に上手を取らせない思いどおりの形になる

玉の海（右）が下手投げを打って揺さぶりをかける

北の富士（奥）が下手投げを残す

玉の海（左）はまだ上手が取れない

北の富士（右）が前へ出て攻める

9

玉の海がこれをこらえて残す

10

北の富士(右)は玉の海に上手を取らせず、まだ有利な展開

11

北の富士(右)が上手からの吊り寄りで勝負に出るが、胸が合って玉の海が右上手を取る。ここが勝負のポイント

12

玉の海が北の富士の攻めを辛うじて残す

上手を取った玉の海（手前）が吊りながら前へ出る

北の富士（奥）が辛うじて残し、土俵中央へ

土俵中央でがっぷり四つとなり、しばらく膠着した状況になる。（玉の海が左）

北の富士（右）が寄るのを、玉の海（左）が吊りながら左に回り込み、上手を切る

17

玉の海が一気に寄って勝負に出る

18

北の富士も土俵際で粘るが、そのまま寄り切られる

北《きた》の湖《うみ》 輪《わ》島《じま》（昭和53年 7月場所 14日目）

横綱同士の全勝対決となった。それまでの両者の取組では、ほとんどが左四つになり、北の湖が寄って出るところを輪島が下手投げを打ち、北の湖が体勢を崩されて敗れるというパターンがよく見られた。しかし、このときの対戦では北の湖の強引な攻めは見られず、じっくりと攻めて最後は万全の体勢で輪島を寄り切った。

通常、相撲では上手を取ると有利になるが、この両者の取組では必ずしもそうではなかった。輪島の場合は左下手を深く取り、右は上手を取らず、やや半身になって右からおっつけるという体勢で十分であった。しかし、このときは全盛期の北の湖にじっくりと構えられて、輪島は右からのおっつけがなかなか効かず、さらに北の湖が前に出てこないので得意の下手投げも打てない。やがて勝負は水入りとなった。

そして水入り後、輪島は疲れて上体が伸び、おっつけきれなくなって上手を取ることになる。これで「がっぷり四つ」の胸が合った体勢になると、体格的に勝り、勢いのある北の湖が有利になり、最後は北の湖がしゃがみ込んで腰を下ろした万全の体勢で輪島を寄り切る完勝であった。

立合いで北の湖(左)は右へ体をかわし、輪島(右)は得意の左を差していく

輪島(奥)が左の下手を取って、いつもの形をつくる

北の湖(左)は右上手を取る

北の湖(右)が左下手を取りにいくが、輪島が嫌って取らせない

5

北の湖はなおも、左下手を取ろうとするが、取れずにやや左がのぞく形に

6

輪島は下手投げを打ち、北の湖の胸に頭をつけようとする

7

輪島は左半身の体勢。北の湖も組んだまま攻めていかず、じっくり様子を見ている

8

下手まわしを取られた輪島は右からおっつけて、下手を切ろうとするが、

9

北の湖（左）は体を入れ替えておっつけを防ぐ

10

輪島（左）が下手投げで揺さぶる

11

両者一歩も譲らず、水入りの大相撲となる

12

再開後、輪島（手前）は疲れ果てて、おっつけきれなくなり、右上手を取りにいく

13

北の湖(左)が上手投げを打って、

14

輪島(左)を大きく振りまわして揺さぶる

15

輪島(手前)は辛うじて残し、再び頭をつけて右からおっつけようとするが、かなり疲れた様子

16

疲れて苦しくなった輪島(左)が、上体が伸びた体勢で右上手を取る

17

上手、下手を取り合ったがっぷり四つの体勢になったところで、北の湖(手前)が腰を落として寄っていく

18

疲れて上体が伸びた輪島を北の湖が万全の体勢で寄り切る

千代《ち よ》の富士《ふ じ》　大乃国《おお の くに》

（昭和63年　11月場所　千秋楽）

この両者は互いに四つ相撲で右相四つである。横綱・千代の富士は相撲のうまさ、足腰の強さ、スピードともに優れているが、力士の中では軽量である。右四つが得意といえども、四つ相撲の大型力士とがっぷり四つに組むことは避けたいところであった。

このとき、千代の富士は53連勝中であり全盛期を迎えていた。立合いは両者とも右四つであるので右肩から当たり合ったが、横綱・大乃国が早く左上手を取り、千代の富士は右半身の体勢になった。大乃国がじわじわ寄って出るところを、千代の富士は回り込みながらもろ差しになった。しかし、大乃国はもろ差しになられても強引に前に出て、千代の富士を土俵際に追いつめる。千代の富士が残そうとするところを、大乃国はそのまま左のど輪で押し倒した。

この勝負を見ると体の小さい力士は、もろ差しになっても必ずしも十分とはいえず、大型の力士に左右から抱え込まれて強引に前に出てこられるとやりにくいということがわかる。千代の富士ほどの大横綱であっても相手が大型の横綱となると、もろ差しの体勢でも負けることがあるのである。

立合いで大乃国(右)が左の上手前みつを取る

千代の富士(左)はやっと右が差せたが、半身の不利な体勢となった

大乃国が前へ出て攻める

千代の富士(右)が下手投げで揺さぶる

下手投げを残した大乃国(左)が右を差そうとするが、千代の富士(右)が差させない

大乃国(左)が強引に前へ出たところ、千代の富士がすかさず左手でまわしを取る

大乃国がさらに前へ出ていく

千代の富士の両腕を外から抱えるようにして、大乃国が前に出て攻める

千代の富士が土俵際を回り込もうとする

大乃国(奥)が逃がすまいと、左右から引っぱり込んで胸を合わせようとする

大乃国(左)はうっちゃりを警戒して、千代の富士(右)の腕を抱えていた左腕を素早く離し、のど輪で突き放そうとする

そのまま大乃国が大きな体を活かして千代の富士を押し倒す

貴乃花《たかのはな》 朝青龍《あさしょうりゅう》（平成14年 9月場所 11日目）

休場明けの横綱・貴乃花に元気いっぱいの新大関・朝青龍が挑戦した一番。貴乃花の取り口は、もともと右四つだが、左四つでも相撲を取ることができる。一方の朝青龍は左四つで、激しい張り手を交えた突っ張りもある。

このときは立合いから朝青龍が激しく突っ張るが、貴乃花は朝青龍の腕を下からあてがい一歩も下がらない。ここで貴乃花は一瞬引くが、朝青龍はまったく崩れずついていき貴乃花を押し込む。貴乃花も踏み込んで押し返し、何とか右上手を取って捕まえるが、朝青龍にもろ差しを許してしまう。貴乃花はすぐに左上手も取り、両上手で胸が合った体勢になる。すかさず朝青龍は右から外掛けで貴乃花を崩そうとするが、貴乃花は足を掛けられた左足をはずしながら大きく体を開き、右から上手投げを打つと朝青龍が横転した。

勝負のポイントは、朝青龍がいくら突っ張っても貴乃花が下がらず、むしろ下からあてがって前に出た点にある。また、貴乃花が右上手を取った直後、朝青龍はもろ差しで胸を合わせるのではなく、頭をつけた体勢で右前みつを取り、左四つまたはもろ差しで、左下手は深く、右まわしは浅く取り、貴乃花に左まわしを与えなければ勝機はあった。

1

立合いで貴乃花(右)は右を差そうとするが、朝青龍(左)が肘を押し上げて阻止する

2

胸を合わせたくない朝青龍(奥)は、激しい突っ張りやのど輪で横綱を攻める

3

さらに朝青龍(右)の突っ張りが続くが、貴乃花(左)は下がらない

4

貴乃花も朝青龍を突き返す

貴乃花がはたき込みで、朝青龍を揺さぶる

朝青龍は、足がよく出て、まったく崩れないでついていく

バランスを崩した貴乃花(奥)を朝青龍(手前)が押す

朝青龍が一気に押し込んでいく

朝青龍が懐に入ってもろ差しとなる。貴乃花はようやく組み止めることができたが、両上手の苦しい体勢

朝青龍が右からの外掛けで貴乃花を崩そうとする

朝青龍（右）の外掛けを、貴乃花（左）は左足をはずしながら大きく体を開く

そのまま、貴乃花（手前）が右から上手投げを打つと、朝青龍の体が土俵の外へ転がった

［補論］科学データで読み解く　ちょっとディープな相撲のはなし

　ここでは何人かの相撲の研究者、そして私自身が行ってきた、相撲に関するさまざまな測定や実験から得られた科学的データの一部を紹介する。相撲に科学の視点を取り入れた論文はあまり多くはなく、どれも貴重でユニークな研究といえる。今までこうした研究結果から、口伝されてきた技術指導の意味合いが裏づけられたり、ルールや土俵のしくみなどの疑問が解明されたケースもある。

　以下に紹介する項目は学術的な論文をベースにしているので、少々堅苦しいところもあるが、相撲ファンなら興味や疑問を抱きそうなテーマを選んで紹介する。科学的な根拠を知ってから見る相撲は、もうひとつ深みを増したものになるのではないだろうか。

立合いで力士が体に受ける力は1トンを超える

　立合いで力士同士が激しくぶつかり合う姿は、よく目にする。あのときお互いの体には一体どれくらいの衝撃がかかるのだろうか？

学生の相撲選手を対象として、仕切りの構えから壁に体当たりをしたときの衝撃力を測ったことがある。その結果、衝撃力のピーク（最大衝撃力）は最も強い者で８００kgを超えた。つまり、ぶつかった瞬間に８００kgの力を体に受けることになる。また、最大衝撃力は体重の重い者ほど大きく、図１はその体重と最大衝撃力の関係を表している。

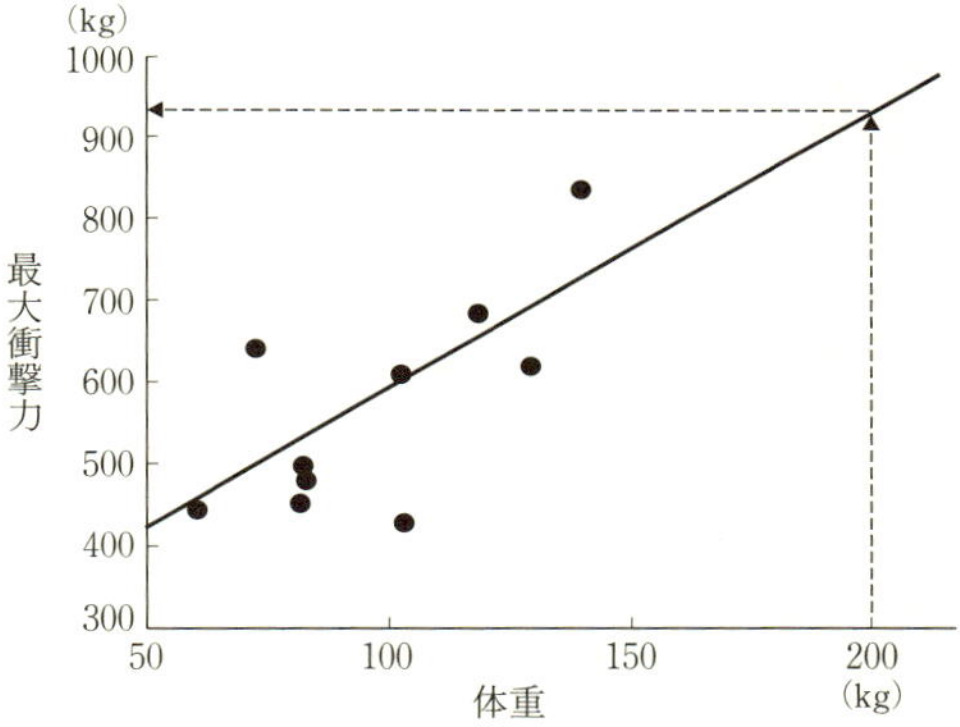

図１　体重と最大衝撃力の関係

このデータから推定すると、体重が２００kgを超えると最大衝撃力は１トンに達するということになる。体重が２００kgを超える力士としては、かつての小錦（２８５kg）や曙（２３３kg）、武蔵丸（２３７kg）をあげることができる。また、現役幕内力士には臥牙丸《ががまる》（２１２kg）などがいる。例えば曙と武蔵丸が、立合いに同等の勢いでぶつかり合ったときには、よほどうまくその衝撃を和らげないかぎり、両者とも瞬時に１トンの力を体に受けることになるわけである。一般人には想像を絶する破壊力といえるだろう。

いくら日頃から鍛えている力士といえども、このような強烈な衝撃力（当たり）をまともに受けては踏ん張ることが難しい。こうした強烈な当たりへの対策としては、柔軟な体で衝撃力を吸収することが有効である。往年の大横綱・大鵬は、相手がいくら力いっぱい当たってきても、天性の柔軟な体で衝撃を吸収し、いつの間にか自分の十分な体勢になっていたといわれる。

また、土俵上にまかれている砂も、立合いの衝撃力を和らげ、力士の体を守る働きをしている。この砂に関しては次の項目で詳しく紹介する。


〈参考〉桑森真介ほか「相撲選手の「立ち合い」におけるパワーおよび「当たり」の強さに関する研究」（武道学研究、20(1)、24-31、1987）

足を滑らせるためにある、土俵の砂の不思議

多くのスポーツでは足の裏（シューズの裏）が滑らないように、スパイク・シューズなどが使用されている。しかし、相撲の場合はその逆で、足の裏がある程度滑るようにするため、土俵の表面に砂がまかれている。というのも、相撲では土俵の表面と足の裏の摩擦力が、安全性や技術と密接に関連しているためだ。摩擦力（F）は次の式で表される。

F＝μ×P……式1

（ここで、μは摩擦係数で、Pは足の裏と土俵の間の圧力）

式1からは、摩擦係数（μ）あるいは足の裏と土俵の間の圧力（P）が大きいと、大きな摩擦力（F）が得られることがわかる。そこでこの式を、相手を押すときや寄るとき、逆に押されるときに当てはめて考えてみる。

土俵上で相手を押したり寄ったりするときには、足の裏で土俵面を後方に押さなければならない。そのためには、足の裏と土俵の間に強い摩擦力（F）が必要で、これが弱いと土俵を後方に押そうとしても足が滑ってしまう。相撲の世界では「足の親指で土俵の砂をかむようにすると良い」とよくいわれる。これは親指を土俵に食い込ませるように力を入れることで、スパイクのような効果が生まれることによるものと考えられる。つまり足の親指で摩擦係数（μ）を高め、摩擦力（F）を大きくしていることになる。

一方、相手の当たりを受ける側、押される側は、足裏の摩擦力（F）が大き過ぎると足が土俵に引っかかって、そのまま後ろへ倒れるような危険な状態になる。しかし実際は、土俵の砂によって足が滑るので、この引っかかりを回避できるわけだ。土俵上をスムーズにすり足で動くことができるのも、まかれた砂が大きく関わっている。また、立合いで互いの体がぶつかる瞬間も、砂があることで適度に足が滑り、当たり合ったときの衝撃を和らげてくれる。本場所での土俵は、砂が乾燥していると滑り過ぎるので、水をまいて適度に滑るように調整されている。

押し上げることで、相手の体重を自分の力に変えられる!?

前の項目で紹介した式1で示すように、摩擦力（F）は足の裏と土俵の間の圧力（P）の大きさに左右される。当然のことながら、Pは体重の重い力士では大きくなり、大型の力士は、前に出るときに足が滑りにくく、それだけ押しや寄りが強いことになる。しかし、実際には体重の軽い小兵力士が、大きな力士を押して寄り切る場面も少なくない。これはなぜだろうか。体は小さくても、桁《けた》はずれの力をもった力士だからできるのだろうか。

その答えは、相手を「押す」のではなく「押し上げる」ことにある。押し上げれば、相手の体重を利用することができるのだ。「相手を押し上げる」、「腕を返して持ち上げる」、

「まわしを引きつけて吊り上げる」ようにして前に出ることで、相手の体重の一部が自分の足の裏にかかってくる。すると自分の**足の裏と土俵の間の圧力（P）**はおのずと高まり、足が滑りにくくなって、より大きな力で土俵を足で後ろに押すことができるようになる。同時に、相手の体をやや浮かすように前に出ることで、相手のPを小さくして足の裏を滑りやすくしているわけだ。このように相手を水平方向に押すのではなく、押し上げるように前に出れば、たとえ体重が軽くても自分より体重が重い相手を押したり、寄ったりすることができるのである。

〈参考〉桑森真介ほか「相撲競技者における身体への荷重装着が「出足」のパワーに及ぼす影響――脂肪増量をシミュレートして」（武道学研究、30（3）、1‐9、1998）

立合いに両手をつくと有利か不利か!?

相撲では立合いに相手より素早く踏み込んで強く当たり、低い姿勢から押し上げるようにして一気に前に出るのが良いとされている。日本相撲協会は、1984年に相手より少しでも早く踏み込もうとして、十分に手をつかず腰高で立つ力士が増えてきたため、立合いにしっかりと腰を下ろし両手をついて立つことを義務づけた。このときに力士や相撲関係者の間では、立合いに腰を下ろして両手をついて立つと、立ち遅れたり、前に踏み込むスピードが落ちたりするのではないかと懸念された。立合いの衝撃力は、「体重×速度」で決まるので、前に出るスピードが落ちれば当たり（衝撃力）も弱くなると思われたのだ。

日本体育大学の塔尾武夫先生の研究グループは、力士を対象として土俵に両手をついてからの立合いと、まったく手をつかない立合いを高速度カメラで撮影し、重心の高さや速度および衝突時の衝撃力を分析している。この研究では立合いに両手をついても、スピードが落ちて当たりが弱くなるということはなく、むしろ下から上に相手を押し上げる方向に体が動くことが明らかにされた。

現役の力士や相撲経験のある関係者は、その経験から立合いに両手をつくとスピードが落ちて当たりが弱くなると感じるようであるが、実際の測定データから、それは感覚的なもので何ら不利になることはなく、むしろ有利になることがわかったのである。経験から生まれる思い込みと現実が異なることを、科学的なデータが実証した一例である。

〈参考〉塔尾武夫ほか「大相撲（プロ）力士の立ち合い動作の映画分析——土俵に手をついて立ち合う効果」（日本体育大学紀要、15（2）、45-50、1986）

土俵を大きくすると小さい力士が活躍できる？

現在の土俵の大きさは、直径15尺（4m55㎝）である。土俵の直径は江戸時代には13尺（3m94㎝）であったが、昭和6年に日本相撲協会は「相撲独特の瞬間的勝負の醍醐味を少しでも長く見てもらうため」に現在の大きさに拡大した。

土俵の大きさについては、相撲の専門家や愛好家から力士の体格の大型化に合わせて拡大してはどうかという提言がなされている。これにより、体格の小さな力士が大きな力士に勝つ醍醐味をより味わうことができるようになり、決まり手が多様化し、より攻防を楽しむことができるのではないかと期待されているのである。

私たちの研究グループでは、実際に土俵を拡大した場合に、このような効果が得られるかどうかを検討した。この研究では直径を16尺（4m85㎝）の拡大土俵と、直径15尺の標準土俵の両方で学生の相撲選手に相撲を取ってもらい、体重の軽い側が勝つ率、決まり手数および競技時間を比較した。図2に、体重の軽い側が勝った番数を示した。土俵を拡大すると、体重差が10％以上ある取組では、体重の軽いほうが勝つ確率が高まる（30番行うと2、3番多く勝つことができるようになる）ということがわかった。しかし、決まり手数と競技時間については、土俵を拡大しても大きな影響は見られなかった。

つまり、大相撲でも、土俵を拡大することで小さい力士が大きい力士に勝つ可能性が高まり、観戦する側にとってより面白くなることが考えられる。しかし、相撲はこれまでの歴史の中で築かれてきた15尺の土俵で稽古を重ね、技術を競い合うのが本来の在り方であるとの意見もあり、今後、慎重に議論される必要があるだろう。

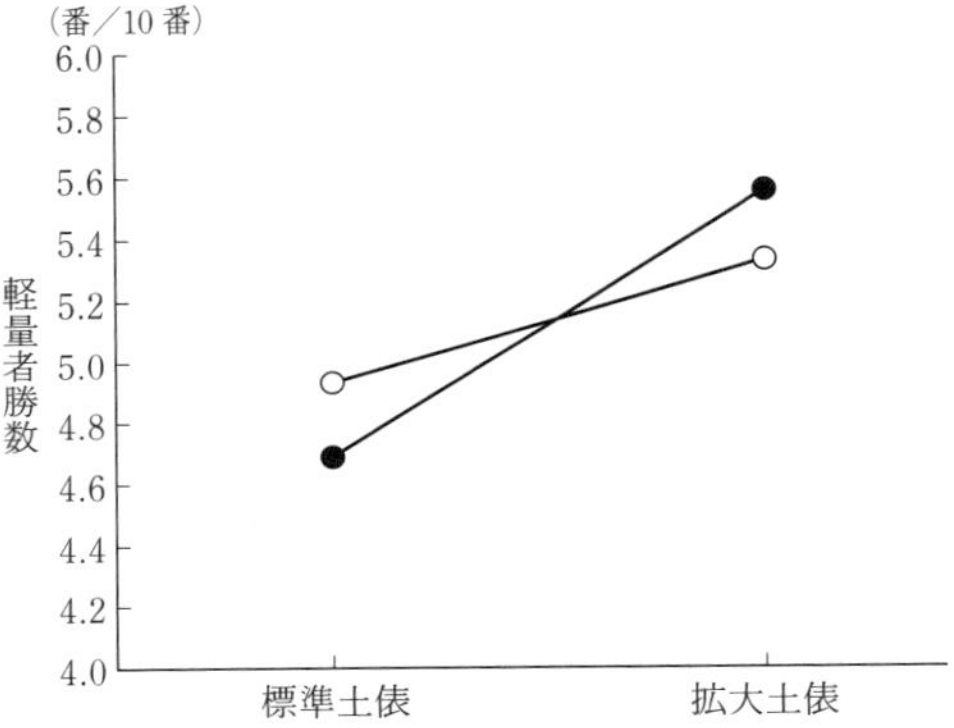

図２　標準土俵と拡大土俵の軽量者勝数
○は体重差が大きな取組（10％以上）
●は体重差が小さな取組（10％未満）
縦軸の軽量者勝数は、10回の取組で体重の軽い側が勝った番数

〈参考〉齋藤一雄ほか「相撲における土俵の拡大が軽量者の勝率、決まり手数および競技時間に及ぼす影響」（武道学研究、45（2）、109-117、2012）

あとがき

大相撲は、国技館ができる前には、両国にある寺院・回向院《えこういん》の境内で行われていた。その回向院での明治時代の取組の映像が残っている。第17代横綱・小錦と第18代横綱・大砲《おおづつ》(当時、大関)の取組、そして第19代横綱・常陸山《ひたちやま》や第20代横綱・梅ヶ谷の取組である。

当時の映像を見ると、膝を外に開き腰を低くした構え、脇を固めての押し、おっつけ、いなし、つっぱり、四つに組んでの差し手の返し、上手出し投げ、まわしを切るなど、現在の相撲の技とまったく変わらない。おそらく、相撲の基本や応用技は、江戸時代に土俵ができた頃から築き上げられ、明治時代にはほぼ完成されていたのであろう。

江戸時代、明治時代の回向院での大相撲の人気は大変なものだったようである。それ以降も、相撲は多くの日本人を魅了し続けてきた。相撲は、ルールが簡単で分かりやすく、特別な知識がなくても十分に楽しむことができるからであろう。ただし、相撲の技や取組の駆け引きなどについての理解が深まると、さらにステップアップした楽しみ方ができるようになり、相撲の奥深さ、秘めた魅力を改めて感じられるようになる。しかし、これまで、相撲をさらに深く楽しむための解説書はなかった。つまり、高いレベルで相撲を経験したことのある人や長年にわたり相撲を観戦し続けてきた通《つう》の方以外は、相撲の一歩踏み込んだ魅力を味わう術《すべ》がなかったのである。本書は、この相撲の少し深い魅力を、ごく普通の相撲ファンの方々にも味わっていただくことができないかということから企画された。

本書の企画から出版にかけて、児玉編集事務所の児玉光彦さんおよび平凡社の菅原悠さんには大変お世話になった。私が勤務する大学の会議室で、三人でコンセプトをどこに置くか、どのような内容・構成にするかなど、何回か打合せを行った。その際には、ほとんど相撲の素人のお二人に、相撲の技のことを口頭で説明するのが難しく、その場で児玉さんと四つに組んで説明させていただいたことも何度かあった。ほんの短時間でも組み合って体感すると、理解が深まるのである。それを文章にするのはさらに難しかったが、イラストや写真を入れて、少しでも分かりやすくなるように心掛けた。全面的にご協力いただいた児玉さんと菅原さんに、心より感謝申し上げます。

桑森真介

青白時代／龍鵬時代

年度	場所	力士名	格付	部屋	成績	回数
	3月	白鵬	横綱	宮城野	15戦全勝	10
	5月	日馬富士	大関	伊勢ヶ濱	14勝1敗	1
	7月	白鵬	横綱	宮城野	14勝1敗	11
	9月	朝青龍	横綱	高砂	14勝1敗	24
	11月	白鵬	横綱	宮城野	15戦全勝	12
平成22年	1月	朝青龍	横綱	高砂	13勝2敗	25
	3月	白鵬	横綱	宮城野	15戦全勝	13
	5月	白鵬	横綱	宮城野	15戦全勝	14
	7月	白鵬	横綱	宮城野	15戦全勝	15
	9月	白鵬	横綱	宮城野	15戦全勝	16
	11月	白鵬	横綱	宮城野	14勝1敗	17
23年	1月	白鵬	横綱	宮城野	14勝1敗	18
	5月	白鵬	横綱	宮城野	13勝2敗	19
	7月	日馬富士	大関	伊勢ヶ濱	14勝1敗	2
	9月	白鵬	横綱	宮城野	13勝2敗	20
	11月	白鵬	横綱	宮城野	14勝1敗	21
24年	1月	把瑠都	大関	尾上	14勝1敗	1
	3月	白鵬	横綱	宮城野	13勝2敗	22
	5月	旭天鵬	前頭7	友綱	12勝3敗	1
	7月	日馬富士	大関	伊勢ヶ濱	15戦全勝	3
	9月	日馬富士	大関	伊勢ヶ濱	15戦全勝	4
	11月	白鵬	横綱	宮城野	14勝1敗	23
25年	1月	日馬富士	横綱	伊勢ヶ濱	15戦全勝	5
	3月	白鵬	横綱	宮城野	15戦全勝	24

15年1月	朝青龍	大関	高砂	14勝1敗	2
3月	千代大海	大関	九重	12勝3敗	3
5月	朝青龍	横綱	高砂	13勝2敗	3
7月	魁皇	大関	友綱	12勝3敗	4
9月	朝青龍	横綱	高砂	13勝2敗	4
11月	栃東(二代)	大関	玉ノ井	13勝2敗	2
16年1月	朝青龍	横綱	高砂	15戦全勝	5
3月	朝青龍	横綱	高砂	15戦全勝	6
5月	朝青龍	横綱	高砂	13勝2敗	7
7月	朝青龍	横綱	高砂	13勝2敗	8
9月	魁皇	大関	友綱	13勝2敗	5
11月	朝青龍	横綱	高砂	13勝2敗	9
17年1月	朝青龍	横綱	高砂	15戦全勝	10
3月	朝青龍	横綱	高砂	14勝1敗	11
5月	朝青龍	横綱	高砂	15戦全勝	12
7月	朝青龍	横綱	高砂	13勝2敗	13
9月	朝青龍	横綱	高砂	13勝2敗	14
11月	朝青龍	横綱	高砂	14勝1敗	15
18年1月	栃東(二代)	大関	玉ノ井	14勝1敗	3
3月	朝青龍	横綱	高砂	13勝2敗	16
5月	白鵬	大関	宮城野	14勝1敗	1
7月	朝青龍	横綱	高砂	14勝1敗	17
9月	朝青龍	横綱	高砂	13勝2敗	18
11月	朝青龍	横綱	高砂	15戦全勝	19
19年1月	朝青龍	横綱	高砂	14勝1敗	20
3月	白鵬	大関	宮城野	13勝2敗	2
5月	白鵬	大関	宮城野	15戦全勝	3
7月	朝青龍	横綱	高砂	14勝1敗	21
9月	白鵬	横綱	宮城野	13勝2敗	4
11月	白鵬	横綱	宮城野	12勝3敗	5
20年1月	白鵬	横綱	宮城野	14勝1敗	6
3月	朝青龍	横綱	高砂	13勝2敗	22
5月	琴欧洲	大関	佐渡ヶ嶽	14勝1敗	1
7月	白鵬	横綱	宮城野	15戦全勝	7
9月	白鵬	横綱	宮城野	14勝1敗	8
11月	白鵬	横綱	宮城野	13勝2敗	9
21年1月	朝青龍	横綱	高砂	14勝1敗	23

曙貴時代／若貴時代

年度	場所	力士名	格付	部屋	成績	回数
平成9年	1月	若乃花(三代)	大関	二子山	14勝1敗	3
	3月	貴乃花(二代)	横綱	二子山	12勝3敗	16
	5月	曙	横綱	東関	13勝2敗	9
	7月	貴乃花(二代)	横綱	二子山	13勝2敗	17
	9月	貴乃花(二代)	横綱	二子山	13勝2敗	18
	11月	貴ノ浪	大関	二子山	14勝1敗	2
10年	1月	武蔵丸	大関	武蔵川	12勝3敗	3
	3月	若乃花(三代)	大関	二子山	14勝1敗	4
	5月	若乃花(三代)	大関	二子山	12勝3敗	5
	7月	貴乃花(二代)	横綱	二子山	14勝1敗	19
	9月	貴乃花(二代)	横綱	二子山	13勝2敗	20
	11月	琴錦	前12	佐渡ヶ嶽	14勝1敗	2
11年	1月	千代大海	関脇	九重	13勝2敗	1
	3月	武蔵丸	大関	武蔵川	13勝2敗	4
	5月	武蔵丸	大関	武蔵川	13勝2敗	5
	7月	出島	関脇	武蔵川	13勝2敗	1
	9月	武蔵丸	横綱	武蔵川	12勝3敗	6
	11月	武蔵丸	横綱	武蔵川	12勝3敗	7
12年	1月	武双山	関脇	武蔵川	13勝2敗	1
	3月	貴闘力	前頭14	二子山	13勝2敗	1
	5月	魁皇	小結	友綱	14勝1敗	1
	7月	曙	横綱	東関	13勝2敗	10
	9月	武蔵丸	横綱	武蔵川	14勝1敗	8
	11月	曙	横綱	東関	14勝1敗	11
13年	1月	貴乃花(二代)	横綱	二子山	14勝1敗	21
	3月	魁皇	大関	友綱	13勝2敗	2
	5月	貴乃花(二代)	横綱	二子山	13勝2敗	22
	7月	魁皇	大関	友綱	13勝2敗	3
	9月	琴光喜	前頭2	佐渡ヶ嶽	13勝2敗	1
	11月	武蔵丸	横綱	武蔵川	13勝2敗	9
14年	1月	栃東(二代)	大関	玉ノ井	13勝2敗	1
	3月	武蔵丸	横綱	武蔵川	13勝2敗	10
	5月	武蔵丸	横綱	武蔵川	13勝2敗	11
	7月	千代大海	大関	九重	14勝1敗	2
	9月	武蔵丸	横綱	武蔵川	13勝2敗	12
	11月	朝青龍	大関	高砂	14勝1敗	1

11月	小錦	大関	高砂	13勝２敗	2
４年１月	貴乃花(二代、当時は貴花田)	前２	藤　島	14勝１敗	1
３月	小錦	大関	高砂	13勝２敗	3
５月	曙	関脇	東関	13勝２敗	1
７月	水戸泉	前1	高砂	13勝２敗	1
９月	貴乃花(二代、当時は貴花田)	小結	藤島	14勝１敗	2
11月	曙	大関	東関	14勝１敗	2
５年１月	曙	大関	東関	13勝２敗	3
３月	若乃花(三代、当時は若花田)	小結	二子山	14勝１敗	1
５月	貴乃花(二代、当時は貴ノ花)	大関	二子山	14勝１敗	3
７月	曙	横綱	東関	13勝２敗	4
９月	曙	横綱	東関	14勝１敗	5
11月	曙	横綱	東関	13勝２敗	6
６年１月	貴乃花(二代、当時は貴ノ花)	大関	二子山	14勝１敗	4
３月	曙	横綱	東関	12勝３敗	7
５月	貴乃花(二代、当時は貴ノ花)	大関	二子山	14勝１敗	5
７月	武蔵丸	大関	武蔵川	15戦全勝	1
９月	貴乃花(二代、当時は貴ノ花)	大関	二子山	15戦全勝	6
11月	貴乃花(二代)	大関	二子山	15戦全勝	7
７年１月	貴乃花(二代)	横綱	二子山	13勝２敗	8
３月	曙	横綱	東関	14勝１敗	8
５月	貴乃花(二代)	横綱	二子山	14勝１敗	9
７月	貴乃花(二代)	横綱	二子山	13勝２敗	10
９月	貴乃花(二代)	横綱	二子山	15戦全勝	11
11月	若乃花(三代)	大関	二子山	12勝３敗	2
８年１月	貴ノ浪	大関	二子山	14勝１敗	1
３月	貴乃花(二代)	横綱	二子山	14勝１敗	12
５月	貴乃花(二代)	横綱	二子山	14勝１敗	13
７月	貴乃花(二代)	横綱	二子山	13勝２敗	14
９月	貴乃花(二代)	横綱	二子山	15戦全勝	15
11月	武蔵丸	大関	武蔵川	11勝4敗	2

千代の富士時代

年度	場所	力士名	格付	部屋	成績	回数
	11月	千代の富士	横綱	九重	14勝1敗	14
昭和61年	1月	千代の富士	横綱	九重	13勝2敗	15
	3月	保志	関脇	九重	13勝2敗	1
	5月	千代の富士	横綱	九重	13勝2敗	16
	7月	千代の富士	横綱	九重	14勝1敗	17
	9月	千代の富士	横綱	九重	14勝1敗	18
	11月	千代の富士	横綱	九重	13勝2敗	19
62年	1月	千代の富士	横綱	九重	12勝3敗	20
	3月	北勝海	大関	九重	12勝3敗	2
	5月	大乃国	大関	放駒	15戦全勝	1
	7月	千代の富士	横綱	九重	14勝1敗	21
	9月	北勝海	横綱	九重	14勝1敗	3
	11月	千代の富士	横綱	九重	15戦全勝	22
63年	1月	旭富士	大関	大島	14勝1敗	1
	3月	大乃国	横綱	放駒	13勝2敗	2
	5月	千代の富士	横綱	九重	14勝1敗	23
	7月	千代の富士	横綱	九重	15戦全勝	24
	9月	千代の富士	横綱	九重	15戦全勝	25
	11月	千代の富士	横綱	九重	14勝1敗	26
平成元年	1月	北勝海	横綱	九重	14勝1敗	4
	3月	千代の富士	横綱	九重	14勝1敗	27
	5月	北勝海	横綱	九重	13勝2敗	5
	7月	千代の富士	横綱	九重	12勝3敗	28
	9月	千代の富士	横綱	九重	15戦全勝	29
	11月	小錦	大関	高砂	14勝1敗	1
2年	1月	千代の富士	横綱	九重	14勝1敗	30
	3月	北勝海	横綱	九重	13勝2敗	6
	5月	旭富士	大関	大島	14勝1敗	2
	7月	旭富士	大関	大島	14勝1敗	3
	9月	北勝海	横綱	九重	14勝1敗	7
	11月	千代の富士	横綱	九重	13勝2敗	31
3年	1月	霧島	大関	井筒	14勝1敗	1
	3月	北勝海	横綱	九重	13勝2敗	8
	5月	旭富士	横綱	大島	14勝1敗	4
	7月	琴富士	前13	佐渡ヶ嶽	14勝1敗	1
	9月	琴錦	前5	佐渡ヶ嶽	13勝2敗	1

9月	北の湖	横綱	三保ヶ関	13勝2敗	17
11月	三重ノ海	横綱	出羽海	14勝1敗	2
55年1月	三重ノ海	横綱	出羽海	15戦全勝	3
3月	北の湖	横綱	三保ヶ関	13勝2敗	18
5月	北の湖	横綱	三保ヶ関	14勝1敗	19
7月	北の湖	横綱	三保ヶ関	15戦全勝	20
9月	若乃花(二代)	横綱	二子山	14勝1敗	4
11月	輪島	横綱	花籠	14勝1敗	14
56年1月	千代の富士	関脇	九重	14勝1敗	1
3月	北の湖	横綱	三保ヶ関	13勝2敗	21
5月	北の湖	横綱	三保ヶ関	14勝1敗	22
7月	千代の富士	大関	九重	14勝1敗	2
9月	琴風	関脇	佐渡ヶ嶽	12勝3敗	1
11月	千代の富士	横綱	九重	12勝3敗	3
57年1月	北の湖	横綱	三保ヶ関	13勝2敗	23
3月	千代の富士	横綱	九重	13勝2敗	4
5月	千代の富士	横綱	九重	13勝2敗	5
7月	千代の富士	横綱	九重	12勝3敗	6
9月	隆の里	大関	二子山	15戦全勝	1
11月	千代の富士	横綱	九重	14勝1敗	7
58年1月	琴風	大関	佐渡ヶ嶽	14勝1敗	2
3月	千代の富士	横綱	九重	15戦全勝	8
5月	北天佑	関脇	三保ヶ関	14勝1敗	1
7月	隆の里	大関	二子山	14勝1敗	2
9月	隆の里	横綱	二子山	15戦全勝	3
11月	千代の富士	横綱	九重	14勝1敗	9
59年1月	隆の里	横綱	二子山	13勝2敗	4
3月	若嶋津	大関	二子山	14勝1敗	1
5月	北の湖	横綱	三保ヶ関	15戦全勝	24
7月	若嶋津	大関	二子山	15戦全勝	2
9月	多賀竜	前12	鏡山	13勝2敗	1
11月	千代の富士	横綱	九重	14勝1敗	10
60年1月	千代の富士	横綱	九重	15戦全勝	11
3月	朝潮(四代)	大関	高砂	13勝2敗	1
5月	千代の富士	横綱	九重	14勝1敗	12
7月	北天佑	大関	三保ヶ関	13勝2敗	2
9月	千代の富士	横綱	九重	15戦全勝	13

輪湖時代

年度	場所	力士名	格付	部屋	成績	回数
	3月	輪島	横綱	花籠	12勝3敗	5
	5月	北の湖	大関	三保ヶ関	13勝2敗	2
	7月	輪島	横綱	花籠	13勝2敗	6
	9月	輪島	横綱	花籠	14勝1敗	7
	11月	魁傑	小結	花籠	12勝3敗	1
昭和50年	1月	北の湖	横綱	三保ヶ関	12勝3敗	3
	3月	貴乃花(初代、当時は貴ノ花)	大関	二子山	13勝2敗	1
	5月	北の湖	横綱	三保ヶ関	13勝2敗	4
	7月	金剛	前1	二所ノ関	13勝2敗	1
	9月	貴乃花(初代、当時は貴ノ花)	大関	二子山	12勝3敗	2
	11月	三重ノ海	関脇	出羽海	13勝2敗	1
51年	1月	北の湖	横綱	三保ヶ関	13勝2敗	5
	3月	輪島	横綱	花籠	13勝2敗	8
	5月	北の湖	横綱	三保ヶ関	13勝2敗	6
	7月	輪島	横綱	花籠	14勝1敗	9
	9月	魁傑	前4	花籠	14勝1敗	2
	11月	北の湖	横綱	三保ヶ関	14勝1敗	7
52年	1月	輪島	横綱	花籠	13勝2敗	10
	3月	北の湖	横綱	三保ヶ関	15戦全勝	8
	5月	若乃花(二代、当時は若三杉)	大関	二子山	13勝2敗	1
	7月	輪島	横綱	花籠	15戦全勝	11
	9月	北の湖	横綱	三保ヶ関	15戦全勝	9
	11月	輪島	横綱	花籠	14勝1敗	12
53年	1月	北の湖	横綱	三保ヶ関	15戦全勝	10
	3月	北の湖	横綱	三保ヶ関	13勝2敗	11
	5月	北の湖	横綱	三保ヶ関	14勝1敗	12
	7月	北の湖	横綱	三保ヶ関	15戦全勝	13
	9月	北の湖	横綱	三保ヶ関	14勝1敗	14
	11月	若乃花(二代)	横綱	二子山	15戦全勝	2
54年	1月	北の湖	横綱	三保ヶ関	14勝1敗	15
	3月	北の湖	横綱	三保ヶ関	15戦全勝	16
	5月	若乃花(二代)	横綱	二子山	14勝1敗	3
	7月	輪島	横綱	花籠	14勝1敗	13

43年1月	佐田の山	横綱	出羽海	13勝2敗	6
3月	若浪	前8	立浪	13勝2敗	1
5月	玉乃島	大関	片男波	13勝2敗	1
7月	琴櫻	大関	佐渡ヶ嶽	13勝2敗	1
9月	大鵬	横綱	二所ノ関	14勝1敗	27
11月	大鵬	横綱	二所ノ関	15戦全勝	28
44年1月	大鵬	横綱	二所ノ関	15戦全勝	29
3月	琴櫻	大関	佐渡ヶ嶽	13勝2敗	2
5月	大鵬	横綱	二所ノ関	13勝2敗	30
7月	清國	大関	伊勢ヶ濱	12勝3敗	1
9月	玉乃島	大関	片男波	13勝2敗	2
11月	北の富士	大関	九重	13勝2敗	2
45年1月	北の富士	大関	九重	13勝2敗	3
3月	大鵬	横綱	二所ノ関	14勝1敗	31
5月	北の富士	横綱	九重	14勝1敗	4
7月	北の富士	横綱	九重	13勝2敗	5
9月	玉の海	横綱	片男波	14勝1敗	3
11月	玉の海	横綱	片男波	14勝1敗	4
46年1月	大鵬	横綱	二所ノ関	14勝1敗	32
3月	玉の海	横綱	片男波	14勝1敗	5
5月	北の富士	横綱	九重	15戦全勝	6
7月	玉の海	横綱	片男波	15戦全勝	6
9月	北の富士	横綱	九重	15戦全勝	7
11月	北の富士	横綱	九重	13勝2敗	8
47年1月	栃東（初代）	前5	春日野	11勝4敗	1
3月	長谷川	関脇	佐渡ヶ嶽	12勝3敗	1
5月	輪島	関脇	花籠	12勝3敗	1
7月	高見山	前4	高砂	13勝2敗	1
9月	北の富士	横綱	九重	15戦全勝	9
11月	琴櫻	大関	佐渡ヶ嶽	14勝1敗	3
48年1月	琴櫻	大関	佐渡ヶ嶽	14勝1敗	4
3月	北の富士	横綱	九重	14勝1敗	10
5月	輪島	大関	花籠	15戦全勝	2
7月	琴櫻	横綱	佐渡ヶ嶽	14勝1敗	5
9月	輪島	横綱	花籠	15戦全勝	3
11月	輪島	横綱	花籠	12勝2敗1休	4
49年1月	北の湖	関脇	三保ヶ関	14勝1敗	1

柏鵬時代

年度	場所	力士名	格付	部屋	成績	回数
昭和37年	1月	大鵬	横綱	二所ノ関	13勝2敗	5
	3月	佐田の山	関脇	出羽海	13勝2敗	2
	5月	栃ノ海	関脇	春日野	14勝1敗	1
	7月	大鵬	横綱	二所ノ関	14勝1敗	6
	9月	大鵬	横綱	二所ノ関	13勝2敗	7
	11月	大鵬	横綱	二所ノ関	13勝2敗	8
38年	1月	大鵬	横綱	二所ノ関	14勝1敗	9
	3月	大鵬	横綱	二所ノ関	14勝1敗	10
	5月	大鵬	横綱	二所ノ関	15戦全勝	11
	7月	北葉山	大関	時津風	13勝2敗	1
	9月	柏戸	横綱	伊勢ノ海	15戦全勝	2
	11月	栃ノ海	大関	春日野	14勝1敗	2
39年	1月	大鵬	横綱	二所ノ関	15戦全勝	12
	3月	大鵬	横綱	二所ノ関	15戦全勝	13
	5月	栃ノ海	横綱	春日野	13勝2敗	3
	7月	富士錦	前9	高砂	14勝1敗	1
	9月	大鵬	横綱	二所ノ関	14勝1敗	14
	11月	大鵬	横綱	二所ノ関	14勝1敗	15
40年	1月	佐田の山	大関	出羽海	13勝2敗	3
	3月	大鵬	横綱	二所ノ関	14勝1敗	16
	5月	佐田の山	横綱	出羽海	14勝1敗	4
	7月	大鵬	横綱	二所ノ関	13勝2敗	17
	9月	柏戸	横綱	伊勢ノ海	12勝3敗	3
	11月	大鵬	横綱	二所ノ関	13勝2敗	18
41年	1月	柏戸	横綱	伊勢ノ海	14勝1敗	4
	3月	大鵬	横綱	二所ノ関	13勝2敗	19
	5月	大鵬	横綱	二所ノ関	14勝1敗	20
	7月	大鵬	横綱	二所ノ関	14勝1敗	21
	9月	大鵬	横綱	二所ノ関	13勝2敗	22
	11月	大鵬	横綱	二所ノ関	15戦全勝	23
42年	1月	大鵬	横綱	二所ノ関	15戦全勝	24
	3月	北の冨士	大関	九重	14勝1敗	1
	5月	大鵬	横綱	二所ノ関	14勝1敗	25
	7月	柏戸	横綱	伊勢ノ海	14勝1敗	5
	9月	大鵬	横綱	二所ノ関	15戦全勝	26
	11月	佐田の山	横綱	出羽海	12勝3敗	5

春	朝潮（三代、当時は朝汐）	関脇	高砂	12勝３敗	1
夏	若乃花（初代、当時は若ノ花）	大関	花籠	12勝３敗	1
秋	鏡里	横綱	時津風	14勝１敗	4
32年１月	千代の山	横綱	出羽海	15戦全勝	6
３月	朝潮（三代、当時は朝汐）	関脇	高砂	13勝２敗	2
５月	安念山	小結	立浪	13勝２敗	1
９月	栃錦	横綱	春日野	13勝２敗	6
11月	玉乃海	前14	二所ノ関	15戦全勝	1
33年１月	若乃花（初代）	大関	花籠	13勝２敗	2
３月	朝潮（三代、当時は朝汐）	大関	高砂	13勝２敗	3
５月	栃錦	横綱	春日野	14勝１敗	7
７月	若乃花（初代）	横綱	花籠	13勝２敗	3
９月	若乃花（初代）	横綱	花籠	14勝１敗	4
11月	朝潮（三代、当時は朝汐）	大関	高砂	14勝１敗	4
34年１月	若乃花（初代）	横綱	花籠	14勝１敗	5
３月	栃錦	横綱	春日野	14勝１敗	8
５月	若乃花（初代）	横綱	花籠	14勝１敗	6
７月	栃錦	横綱	春日野	15戦全勝	9
９月	若乃花（初代）	横綱	花籠	14勝１敗	7
11月	若羽黒	大関	立浪	13勝２敗	1
35年１月	栃錦	横綱	春日野	14勝１敗	10
３月	若乃花（初代）	横綱	花籠	15戦全勝	8
５月	若三杉（彰晃）	前4	花籠	14勝１敗	1
７月	若乃花（初代）	横綱	花籠	13勝２敗	9
９月	若乃花（初代）	横綱	花籠	13勝２敗	10
11月	大鵬	関脇	二所ノ関	13勝２敗	1
36年１月	柏戸	大関	伊勢ノ海	13勝２敗	1
３月	朝潮（三代）	横綱	高砂	13勝２敗	5
５月	佐田の山	前13	出羽海	12勝３敗	1
７月	大鵬	大関	二所ノ関	13勝２敗	2
９月	大鵬	大関	二所ノ関	12勝３敗	3
11月	大鵬	横綱	二所ノ関	13勝２敗	4

柏鵬時代

戦後 歴代優勝力士

参考：日本相撲協会公式サイト http://www.sumo.or.jp/

年度	場所	力士名	格付	部屋	成績	回数
昭和20年	夏	備州山	前1	伊勢ヶ濱	7戦全勝	1
	秋	羽黒山	横綱	立浪	10戦全勝	3
21年	秋	羽黒山	横綱	立浪	13戦全勝	4
22年	夏	羽黒山	横綱	立浪	9勝1敗	5
	秋	羽黒山	横綱	立浪	10勝1敗	6
23年	夏	東富士	大関	富士ヶ根	10勝1敗	1
	秋	増位山	関脇	出羽海	10勝1敗	1
24年	春	東富士	横綱	富士ヶ根	10勝2敗1分	2
	夏	増位山	大関	出羽海	13勝2敗	2
	秋	千代ノ山	大関	出羽海	13勝2敗	1
25年	春	千代ノ山	大関	出羽海	12勝3敗	2
	夏	東富士	横綱	高砂	14勝1敗	3
	秋	照國	横綱	伊勢ヶ濱	13勝2敗	1
26年	春	照國	横綱	伊勢ヶ濱	15戦全勝	2
	夏	千代ノ山	大関	出羽海	14勝1敗	3
	秋	東富士	横綱	高砂	13勝1敗1分	4
27年	春	羽黒山	横綱	立浪	15戦全勝	7
	夏	東富士	横綱	高砂	13勝2敗	5
	秋	栃錦	関脇	春日野	14勝1敗	1
28年	初	鏡里	大関	時津風	14勝1敗	1
	春	栃錦	大関	春日野	14勝1敗	2
	夏	時津山	前6	立浪	15戦全勝	1
	秋	東富士	横綱	高砂	14勝1敗	6
29年	初	吉葉山	大関	高島	15戦全勝	1
	春	三根山	大関	高島	12勝3敗	1
	夏	栃錦	大関	春日野	14勝1敗	3
	秋	栃錦	大関	春日野	14勝1敗	4
30年	初	千代の山	横綱	出羽海	12勝3敗	4
	春	千代の山	横綱	出羽海	13勝2敗	5
	夏	栃錦	横綱	春日野	14勝1敗	5
	秋	鏡里	横綱	時津風	14勝1敗	2
31年	初	鏡里	横綱	時津風	14勝1敗	3

【著者】

桑森真介（くわもりまさすけ）

1955年福井県生まれ。明治大学教授。博士（医学）。元明治大学相撲部コーチ、明治大学相撲部在籍中に全国学生相撲選手権大会個人2位・団体優勝。長年にわたり、相撲の体力学的、生理学的研究に従事。中学校武道必修化にあたり、（財）日本相撲連盟・中学校相撲授業指導法研究委員会座長として、指導の手引きや視聴覚教材などの作成に携わった。著書に『中学校体育 相撲指導の手引き』（共著、日本相撲連盟）、『初心者から指導者まで使える 武道の教科書――柔道・剣道・相撲』（共著、成美堂出版）がある。

平　凡　社　新　書　6　8　4

大相撲の見かた

発行日――2013年5月15日　初版第1刷

著者――桑森真介

発行者――石川順一

発行所――株式会社平凡社

東京都千代田区神田神保町3-29　〒101-0051

電話　東京（03）3230-6580［編集］

　　　東京（03）3230-6572［営業］

振替　00180-0-29639

印刷・製本―株式会社東京印書館

装幀――菊地信義

ISBN978-4-582-85684-2

NDC 分類番号788.1　新書判（17.2cm）　総ページ176

平凡社ホームページ　http://www.heibonsha.co.jp/